DIE ATLANTIKKÜSTE

Text:

JEAN MATHÉ

Parkland

Designed and produced by
ÉDITIONS MINERVA S.A.

Bildnachweis: Arthaud/Pix 22, 68a, 68b, 70c, 71a, 75b, 85d, 94a - Arum/Pix 64a - Bénazet/Pix 32c - Benjamin/Zefa 92a - Bernard/Atlas 49a - Berne/fotogram 19a, 38b, 48a - Boutin/Atlas 67a - CAP/Vloo 16c, 26c, 33a, 33b, 34a, 36a, 36b, 37a, 39a, 40c, 41b, 42a, 63b, 64c, 66b, 66c, 72c, 77a, 78a, 79a, 79b, 82a, 84a, 85b, 86a, 87a, 89a, 90a, 90b - Cherville/fotogram 8a, 9c, 10b, 11a, 11b - Cigogne/Pix 26a, 26b, 47b, 47c, 49b, 63a, 72a, 88 - Corte/Vloo 12 - Crozat 8c, 8d, 16b, 18a, 18b, 20b, 21b, 25a, 25b, 52a, 53b, 54b, 55b, 60b, 70d, 73b, 73c, 75c, 76a, 76b, 76c, 77b, 87b - Daniau/Atlas 14b - Dumontier/Atlas 46a - Dupuy/Pix 31b - Fleury/fotogram 7b - Froissardey/Atlas 62b - Garguil/Vloo 24a - Guillemot, Marina C.E.D.R.I. 41a, 61 - Halin/Zefa 39b - Hennequin/Vloo 70a, 95b - Jacob/fotogram 70e - Jalain/Vloo 44, 70b, 74a, 74b, 75a, 78b, 85c, 86c, 93a - Kerth/Zefa 48c, 51a, 54a, 64b, 65 - Lelièvre/Vloo 42b - Lérault/Pix 8b, 10a, 14a, 24b - Leroy/Pix Vorsatz, 6a, 6c, 9b, 15a, 20c, 37c, 57b - Maillard/Vloo 91b - Manolo/Atlas 25c - Marcou/Pix 6b, 6d, 42d, 47a, 55a, 58b, 59b, 84d, 89c, 93b, 94b - Marmounier/C.E.D.R.I. 18c - Mistler/Vloo 92b - Pélissier/Vloo 58a - Pix 17b, 27a, 28, 30a, 31a, 31c, 32a, 34b, 80 - Quignard/fotogram 35a - Salaün 4a, 4b, 4c, 5a - Sappa/C.E.D.R.I. 5b, 9a, 15b, 17a, 59a, 67b, 71b, 73a, 86b - Scheunemann/Zefa 19b - Sioen/C.E.D.R.I. 27b, 46b, 83b, 84b, 85a, 81a - Theojac/Zefa 35a - Téoulé/Pix 16a, 66a - Téoulé/Zefa 1, 3, 7a, 36c, 38a, 60a, 72b, 83a, 84c, 91c - Vesin/Fotogram 50b - Viard/Pix 2, 40a, 40b - de Zorzi/Pix 20a.

ISBN 3-88059-212-8

Deutsche Lizenzausgabe
Parkland Verlag, Stuttgart
Übersetzung: Brigitte Weitbrecht
Redaktion: Alfred P. Zeller
Satz: B. Felsing, Wiesbaden
Printed in Italy

Vorsatz: Blick auf Talmont. Seite 1: Der Leuchtturm von La Cotinière auf der Insel Oléron.

Ein Licht, wie kein anderes . . .

Die französische Atlantikküste von der Loire-Mündung bis zur spanischen Grenze ist keineswegs eine in sich geschlossene, einheitliche Landschaft, sondern weist sehr unterschiedliche Gesichter auf. Entsprechend ihrem Charakter läßt sie sich in drei Abschnitte einteilen. Melancholisch-verträumte Herbheit kennzeichnet die Küste zwischen Loire und Gironde; karg, ja, fast monoton wirkt das Gebiet zwischen Gironde und Adour, während der Südabschnitt bis zur spanischen Küste zum bukolisch-heiteren Baskenland gehört.

Doch gemeinsam ist diesem Land ein Licht, wie man es sonst nirgends in Frankreich antrifft. Der aus La Rochelle stammende französische Maler und Schriftsteller gibt in seinem autobiographischen Roman »Dominique« folgende Schilderung: »Eines Tages, gegen Ende April, wanderte ich ziellos über Straße und Wege. Die Ulmen waren noch ohne Blätter, doch die Knospen waren prall, die Wiesen waren wie ein riesiger Garten voller Gänseblümchen, und die Hecken standen voll in Blüte. Die Sonne, klar und warm, ließ die Lerchen singend himmelwärts steigen und machte aus den windbewegten Insektenschwärmen Myriaden von schillernden kleinen Lichtpunkten . . . Ich begann, meine Schritte zu beschleunigen, getrieben von dem wunderbaren, alles durchdringenden Licht, angetan vom Duft der knospenden Natur und von der spürbaren Kraft des nahenden Frühlings, die die Atmosphäre erfüllten. Ich war sanft und leidenschaftlich zugleich gestimmt.«

Links ein typisches Haus an der französischen Atlantikküste, unten der Gasteau-Strand auf Oléron.

Von Saint-Brévin nach Pornic

Wir folgen der Küste von Norden nach Süden. Zugang gewährt uns die mächtige moderne Brücke, die bei Saint-Nazaire die Loire-Mündung überspannt; sie hat die Autofähre abgelöst, auf der man einst nach Mindin übersetzte. Aus dem dichtbesiedelten Industriegebiet an der Flußmündung gelangen wir fast unvermittelt in eine ganz andere Welt – in die ländliche Stille des Retz-Landes. Als erstes sehen wir den gedrungenen Turm der romanischen Kirche von Saint-Brévin-les-Pins. Der von Kiefern, Akazien und Eichen beschattete Strand erstreckt sich nach Saint-Brévin-l'Océan, einem beliebten Seebad mit wunderschönen, in Mimosen und Kamelien eingebetteten Villen. Dicht folgt die Straße der »Jadeküste«, zu der das felsige Saint-Gildas-Kap gehört; das milchig-grüne Meerwasser, das hier die Küste bespült, hat dem Küstenabschnitt seinen Namen gegeben.

Die zweifellos schönste Stadt an der Küste des Retz-Landes ist Pornic. An den Hängen einer tief eingeschnittenen kleinen Bucht sind die Häuser des Ortes im Halbkreis über einem malerischen Fischereihafen gelagert. Schon im 11. Jahrhundert befestigt, war Pornic im 18. Jahrhundert ein blühender Kabeljauhafen; alte Bauwerke zeugen von großer Vergangenheit, so die den Marchix-Platz säumenden Häuser aus dem 16. Jahrhundert und vor allem die Burg, die die Hafeneinfahrt überragt. Sie stammt in ihren ältesten Teilen aus dem 11. Jahrhundert und kam 1399 in den Besitz des legendären »Blaubarts« Gilles de Rais. Ihren wehrhaften Charakter hat sie freilich eingebüßt; nachdem die Türme der vieleckigen Burgmauer im Verlauf der Französischen Revolution geschleift worden waren, führte man ab 1830 Restaurationsarbeiten durch, die aus der Trutzburg von einst einen Her-

Badeort La Bernerie zu dem nach zwei mittelalterlichen Klöstern benannten Les Moutiers mit seiner bemerkenswerten »Totenlaterne«, die neben einem im Freien errichteten Altar sieben Meter hoch aufragt. Auf solchen Säulen stellte man früher eine Laterne auf, wenn jemand gestorben war.

Weiter geht die Fahrt nach Bourgneuf. Vom 14. bis 19. Jahrhundert war dies eine bedeutsame Hafenstadt, doch ist sie inzwischen durch Anschwemmungen vom Meer abgeschnitten. Einen Besuch lohnt in dem Ort das volkskundliche »Musée de Retz« mit interessanten Ausstellungsstücken, die Aufschluß über das Leben der Menschen in vergangener Zeit geben.

Von hier aus machen wir einen Abstecher ins Innere des Retz-Landes mit dem Hauptort Machecoul. Beherrscht wird die Altstadt von den mächtigen Ruinen der Burg, in der Gilles de Rais wütete, bis er 1440 gezwungen wurde, sein Treiben einzustellen. Im Hinterland herrscht eine ganz andere Atmosphäre als an der in den Sommermonaten von Touristen überlaufenen Küste. Vergessene Burgen und Schlösser erheben sich aus dem von Kanälen durchzogenen sumpfigen Heideland, und überall stoßen wir auf Menhire aus vorgeschichtlicher Zeit, auf jene mächtigen Steinkolosse, von denen wir nicht wissen, wie sie einst befördert und aufgestellt wurden.

rensitz machten. Auf der Anhöhe über der Stadt finden wir den Mousseaux-Tumulus, einen aus siebzig Megalithen errichteten vorgeschichtlichen Grabbau mit gedecktem Doppelgang und Grabkammern.

In dem zwischen Pornic und Les Moutiers liegenden Abschnitt der Jadeküste folgen auf ginsterbewachsene, steil abfallende Schieferfelsen (wie in der Bretagne) flache Sandstrände, die an die Vendée gemahnen. Die Küstenstraße führt über den

Die Insel Noirmoutier

In vorgeschichtlicher Zeit war der sumpfige Küstenstreifen, in den heute die Orte Bouin, Sion, Fromentine, Bois de Céné, Olone und Beauvoir eingebettet sind, vom Meer bedeckt, aus dem sich einige Inselchen erhoben, während Noirmoutier eine Halbinsel war. Im Laufe der Jahrtausende versanken zwei Drittel von Noirmoutier in den unablässig anbrandenden Fluten. Übriggeblieben ist eine neunzehn Kilometer lange und zwischen ein und sieben Kilometer breite flache Insel, die durch einen schmalen, aber tiefen Graben von Fromentine getrennt ist. Starke Strömungen haben eine bei Ebbe aus dem Wasser auftauchende Untiefe geschaffen, die Passage du Gois. Dieser Übergang, der nur zweimal am Tag zwei bis drei Stunden lang nutzbar ist, wurde 1924 gepflastert und in Abständen von fünfhundert Meter mit Schutzbaken versehen. Bis 1971 bildete er die einzige Zufahrtsstraße zur Insel. Inzwischen hat man jedoch eine sechshundert Meter lange Brücke errichtet, die den Graben von Fromentine in dreiunddreißig Meter Höhe überspannt; seit ihrer Eröffnung wird die Passage du Gois nur noch wenig benutzt.

Schon vor Jahrtausenden war die Insel bewohnt. Die Römer besetzten sie wegen ihrer strategischen Lage und nannten sie Herus. 674 gründete der heilige Philibert ein Kloster (Moutier), worauf der

Links oben die Brücke, die Saint-Nazaire mit Mindin verbindet, darunter Dünen an der Jadeküste südlich von Saint-Nazaire; rechts zwei Ansichten von Pornic: oben die Einfahrt zum Fischereihafen mit dem Schloß des »Blaubarts« Gilles de Rais, unten der Jachthafen.

Name in Her-Moutier umgeändert wurde. Nach der Zerstörung durch die Normannen wurde 1205 ein neues Kloster gegründet, »La Blanche« genannt, das 1562 von den Hugenotten verwüstet wurde. Seit dem 13. Jahrhundert gehörte die Insel den Herren von Garnache, dann der Familie Trémoille und ab 1676 vorübergehend den Holländern; während der Französischen Revolution war sie hart umkämpft. In neuer Zeit hat sie sich zu einem bedeutenden Touristenzentrum entwickelt.

Beigetragen hat dazu neben der reizvollen landschaftlichen Lage das gleichmäßig milde Klima, das auf der Insel herrscht. Obwohl nur klein, bietet sie vielfältige Gesichter. Kiefernbestandene Dünen bilden im Süden einen sieben Kilometer langen Strand. Der schmale (neunhundert Meter) Mittelteil liegt unter Meereshöhe und ist durch Deiche vor Überflutung geschützt. Fast die ganze Breite nimmt der Ort La Guérinière ein, der an der Bucht von Bourgneuf einen Austernhafen und auf der Atlantikseite einen Fischereihafen aufweist.

Historischer Mittelpunkt der Insel ist Noirmoutier-en-Ile. Wo heute das Schloß steht, hatten die Mönche im 9. Jahrhundert eine Festung zum

Schutz vor Überfällen errichtet, die im 11. Jahrhundert zur Burg ausgebaut wurde. Auf der von schönen Wohnhäusern aus dem 18. Jahrhundert eingefaßten Place d'Armes vor dem Schloß wurde am 8. Januar 1794 der Oberbefehlshaber der royalistischen Vendée-Armee, d'Elbée, erschossen; wegen seiner Verwundungen setzte man ihn zu diesem Zweck auf einen Sessel. Die Kirche Saint-Philibert geht auf die Zeit der ersten Klostergründung zurück; aus dem 7. Jahrhundert ist aber nur noch die herrliche Krypta erhalten. Der Chor ist romanisch, alles andere wurde im Lauf der Jahrhunderte weitgehend umgebaut. Der nahe Chaise-Wald, etwa sechzig Hektar Steineichen, Strandkiefern und Mimosen, faßt die berühmtesten Strände der Insel ein, den Dames- und den Souzeaux-Strand.

Noirmoutier. Links oben die berühmte Passage du Gois, die bei Ebbe die Insel mit dem Festland verbindet, daneben ein Rettungsinselchen für Leute, die durch die Flut überrascht werden, darunter die Kirche von Noirmoutier-en-Ile. Ganz unten: Windmühlen. Rechts: Schloß und Hafen von L'Herbaudière.

Das Bocage

Wenn wir von Fromentine landeinwärts nach Osten fahren, kommen wir ins Bocage, eine hügelige, von Weiden und Gehölzen bedeckte Landschaft, die sich bis zum Poitou erstreckt. Alle größeren Städte (Cholet, La Roche, Thouars, Parthenay) liegen am Rand dieser friedlichen bäuerlichen Welt, die in einem Dornröschenschlaf zu dämmern

Oben eine Kate im Gebiet von Monts, darunter ein Raum der Kate, unten das ehemalige Kloster La Vrainetière, daneben der Herrensitz La Roche-Jacquelin. Rechts Saint-Jean-de-Monts, daneben eines der modernen Hochhäuser des Seebads, darunter Les-Sables-d'Olonne.

scheint. Aber das war nicht immer so: Vor knapp zweihundert Jahren, während der Französischen Revolution, war dieses Herzstück der Vendée das Kernland des royalistischen Aufstands gegen die neuen Herrscher. Hier hatten viele der königstreuen Adeligen ihre Herrensitze; in dem unwegsamen Land, durch das damals noch kaum Straßen führten, organisierten sie den Widerstand gegen die Republik, schlugen sie blutige Schlachten.

Das ganze Gebiet nördlich von La Roche-sur-Yon zwischen dem Retz-Land und der Sèvre Nantaise gehörte einst dem Chevalier de Charette, einem der erbittertsten Gegner der Republik. Legé in der Nähe des schönen Schlosses von Bois-Chevalier war zeitweise seine Residenz, die heutige Mädchenschule in Belleville sein Hauptquartier, in den Tälern der Vie und der Boulogne schlug er sich mit den republikanischen Armeen. An diese Zeit erinnern zwei interessante Museen, das eine im Schloß Chabotterie, wohin der verwundete Chevalier am 23. März 1796 nach seiner Gefangennahme gebracht wurde, das zweite in Cholet.

Weiter südlich finden wir die ausgeglühten Ruinen der beiden Festungen Ebaupinaye und Sansay, die 1794 von den Republikanern eingeäschert wurden, unweit von dem mittelalterlichenn Städtchen Argenton auf einer Anhöhe, auf der sich im 15. Jahrhundert das Schloß des Seneschalls und Chronisten Ludwigs XI., Commines, erhob. Ein anderer Held der Königstreuen, der Graf Henri de la Roche-Jacquelin, ist mit dem Ort Aubiers verbunden; im Familiensitz bei Voultegon, lebt noch heute einer seiner Nachfahren.

Die Küste der Vendée und die Insel Yeu

Hinter Bourgneuf führt die Straße von der Küste weg durch das sumpfige Gebiet von Bouin, das einst eine Insel war, und weiter nach Beauvoir, einer Kloster- und Festungsstadt, um bei Fromentine wieder zum Meer zurückzukehren.

Das Monts-Land besteht aus einem mit Kiefern bepflanzten Dünensaum vor einem langgestreckten wunderschönen Sandstrand, der immer mehr Urlaubsgäste anlockt. Entsprechend hat sich das Gesicht dieses Küstenstrichs in den letzten Jahrzenten gewandelt: Aus verschlafenen Dörfern an einsamen Stränden sind beliebte Ferienorte geworden. Diese Entwicklung läßt sich in Saint-Jean-de-Monts deutlich ablesen. Landeinwärts liegt das alte Dorf, dessen niedrige, einst strohgedeckte Häuser sich um ein romanisches Kirchlein drängen; am Strand hat man mächtige moderne Wohnblocks hochgezogen, die ausgesprochen seelenlos wirken, und weiter weg säumen elegante Privatvillen die Küste; auf mehreren Kilometern Länge sind sie wie Krümel zwischen den Kiefern verstreut.

In Sion beginnt die kurze, aber recht eindrucksvolle Vendée-Küstenstraße. Obwohl das Seebad rasch gewachsen ist, hat man zwischen Straße und Strand keine Bebauung erlaubt, so daß der Blick weit übers Meer schweift, dessen anbrandende Wellen sich an den der Küste vorgelagerten Klippen brechen und im Fels malerische Höhlen gebildet haben.

An der Vie-Mündung liegt ein Zwillingsstädtchen: der alte Hochsee-Fischereihafen Croix-de-Vie und Saint-Gilles mit seinen Werften. Eine Brücke verbindet die beiden Orte. Im Schatten der gotischen Kirche von Saint-Gilles steht eine Kreuzigungsgruppe aus dem 14. Jahrhundert; der Kirchturm diente den aufständischen Royalisten 1815 als Ausguck.

Zwischen Klippen und Dünen überrascht es, unversehens auf Tulpenfelder und bei Brétignolles auf Weingärten zu stoßen. Sehenswert ist in diesem Gebiet die prächtige romanische Saint-Nicolas-Kirche am Ortseingang von Brem-sur-Mer. Sie stammt aus dem 11. Jahrhundert; von den drei ursprünglichen Schiffen ist noch eines erhalten. Romanischen Figurenschmuck weist auch das reich skulptierte Portal auf.

Im Süden schließt sich das Olonne-Land an. Auf der einen Seite wird die Straße von dem mehr als zwölf Kilometer langen Staatswald gesäumt, den man auf den Dünen angepflanzt hat; die andere Seite nimmt eine langgestreckte Senke ein, die einst vom Meer bedeckt war und heute das Überschwemmungsgebiet der Vertonne bildet, ein Feucht-Biotop, das zum Naturschutzpark erklärt worden ist. Der Name des Ortes Ile-d'Olonne erinnert daran, daß der Hügel, auf dem das Dorf liegt, früher eine Insel war.

Während der Ferienzeit kommen auf jeden Bewohner von Les-Sables-d'Olonne, des größten Fischereihafens der Küste, rund zehn Urlaubsgäste – kein Wunder, ist doch der feinsandige Strand einer der längsten und schönsten an der ganzen Atlantikküste. Eine langgestreckte schmale Einfahrt schützt den Hafen. Bei Ebbe weicht das Meer zurück, und mit Tang behangene Felsen tauchen aus dem Wasser auf. Ganz anders ist die Küste längs der Straße, die zur Bucht von Cayola führt: Schroffe Felsen säumen das Meer, das unablässig an die steil abfallenden zerklüfteten Hänge anbrandet. Dieser Küstenabschnitt ist auch im Sommer weitgehend menschenleer.

Mild ist das Klima auf der Insel Yeu, dieser »aus der Kette der bretonischen Inseln gefallenen Perle«. Steil fallen die Küsten der in fünfunddreißig Meter gipfelnden Insel zum Meer hin ab. Sie ist klein, aber dicht besiedelt, war früher schwer zu erreichen, war aber schon in vorgeschichtlicher Zeit bewohnt, wie Dolmen beweisen. Hauptort ist das auf dem höchsten Punkt der Insel erbaute Saint-Sauveur (romanische Kirche aus dem 11. Jahrhundert), größter Ort der malerische Fischereihafen Port-Joinville, der von Thunfischfängern angelaufen wird. Auf einem vom Meer bespülten Felsen erheben sich die Ruinen eines Schlosses aus dem 11. Jahrhundert, das im 14. und 15. Jahrhundert umgestaltet wurde.

Die Insel Yeu. Häuser und Hafen von Port-Joinville; links unten alte Burg an der Côte Sauvage, rechts eine Teilansicht der »wilden« Küste. Folgende Doppelseite: Die Hafeneinfahrt von La Meule.

LOCATION VELOS

Radwanderung an der Côte Sauvage auf der Insel Yeu, rechts Badefreuden am Strand von Saint-Gilles-Croix-de-Vie vor klotzigen Hochhäusern; unten ein Haus im traditionellen Stil der Insel, rechts unten moderne Hotels und Ferienbungalows in Saint-Jean-de-Monts.

Am Schnittpunkt dreier Regionen

Kurvenreiche Sträßchen führen aus der Ebene ins bewaldete Hügelland. Eines verläuft durch Mouilleron-en-Pareds, den Geburtsort des Marschalls de Lattre de Tassigny und des Staatsmanns Georges Clémenceau. Auf dem Hügel über dem Dorf stehen drei Mühlen, von denen eine zur Lattre-de-Tassigny-Gedenkstätte ausgebaut wurde. Clémenceau verbrachte seine Kindheit auf Schloß L'Aubrais bei Mareuil-en-Lay. Beigesetzt ist er in dem Dörfchen Colombier unter einer Zeder; eine antikisierende Stele kennzeichnet sein Grab.

Hinter Herbiers erreichen wir die sogenannte »Schweiz der Vendée«. Statt stolzer Alpengipfel finden wir freilich nur eine knapp dreihundert Meter hohe bewaldete Hügelkette, die sich allerdings aus dem Flachland deutlich abhebt. Der Mont des Alouettes ist zwar nur ein bescheidener Hügel, aber von seiner Höhe aus schweift der Blick weit in die Ferne. Während des Royalistenaufstands des Jahres 1793 dienten die im ganzen Bocage sichtbaren Flügel seiner sieben Mühlen dazu, den Königstreuen die Bewegungen der Republikaner zu melden. Deshalb wurden die Mühlen von diesen eingeäschert, aber inzwischen hat man drei von ihnen als Touristenattraktionen wieder aufgebaut.

Wo die Ebene, das Marais (Ried) und das Gâtine-Hügelland aufeinandertreffen, liegt Niort – gleichsam der Angelpunkt zwischen der Vendée, den beiden Charente-Departements und dem Poitou. Ihre Entstehung verdankt die Stadt einer Furt, die hier die Überquerung der Sèvre ermöglichte. Unter englischer Herrschaft (Haus Plantagenet) wurde sie befestigt und stieg zum bedeutsamen Handelszentrum auf. 1373 gewann Du Guesclin sie für die französische Krone zurück. Später traten die Bewohner zum Protestantismus über; nach der Aufhebung des Edikts von Nantes wurde die Stadt von den Katholiken zerstört.

Im historischen Stadtkern finden sich noch etliche interessante Bauten, so das wehrhafte Rathaus aus dem 16. Jahrhundert, »Pilori« genannt, weil sich hier einst der Schandpfahl erhob, das Symbol städtischer Gerichtsbarkeit. Von der Stadtburg, die Heinrich II. Plantagenet und sein Sohn Richard Löwenherz errichteten, ist noch der eindrucksvolle Hauptturm erhalten. Zahlreiche alte Fachwerkhäuser finden sich in der Altstadt rings um die Rue du Pont. Die von 1491 bis 1540 erbaute Kirche Notre-Dame ist hochgotisch, doch der fünfundsiebzig Meter hohe Turm kündet bereits die Renaissance an. In Niort wurde 1635 Françoise d'Aubigné geboren, die Enkelin Agrippas, die Ludwig XIV. zu seiner Maitresse, zur Marquise de Maintenon und schließlich zu seiner zweiten Frau machte. Françoise war mit dem Dichter Scarron verheiratet gewesen und nach dessen Tod Erzieherin einer königlichen Prinzessin geworden; in dieser Eigenschaft fiel sie dem König in die Augen. Sie war in älteren Jahren sehr bigott und führte bei Hof weitaus strengere Sitten ein, als sie zuvor dort geherrscht hatten.

Vor den Toren von Niort steht auf flachem Gelände das Schloß Coudray-Salbart, eine Ruine mit mächtigen Rundtürmen. Johann ohne Land erbaute es mit englischem Geld, doch noch ehe es von den Engländern für kriegerische Zwecke eingesetzt werden konnte, ging es an die französische Krone über.

Oben links der Mont des Alouettes, rechts das Bocage im Gebiet von Parthenay. Unten links Allee zum Geburtshaus des Marschalls de Lattre de Tassigny in Mouilleron-en-Pareds, daneben der Park der Präfektur in La Roche-sur-Yon, rechts der Alterssitz von Georges Clémenceau in Saint-Vincent-sur-Jard.

Poitiers, Stadt mit großer Geschichte

Auf dem Weg von Niort nach Poitiers kommen wir durch das Städtchen Saint-Maixent-l'Ecole an der Sèvre. Von seiner einstigen Bedeutung zeugt nur noch die Kathedrale, die von 1670 bis 1682 an der Stelle errichtet wurde, an der der heilige Maixent im Jahr 460 eine Einsiedelei gegründet hatte.

Poitierts, schon von weitem sichtbar, da es auf einer Anhöhe liegt, ist reich an alten Bauten und berühmt durch seine Rolle, die es in der Geschichte gespielt hat.

Bereits im 4. Jahrhundert wurde die gallo-römische Siedlung, Limonum oder auch Pictavium genannt, zum Christentum bekehrt, und 559 gründete die heilige Radegundis, Gemahlin des Frankenkönigs Chlothar I., ein Kloster. Poitiers mußte sich gegen die Goten unter Alarich und später gegen die Araber verteidigen, bis Karl Martell 732 diese endgültig aus seinem Reich vertrieb. Im Mittelalter blühte die Stadt mächtig auf. Nicht nur, daß sie an dem großen Pilgerweg nach Santiago de Compostela lag, sondern sie hatte auch das Glück, in dem Kunstliebhaber und Mäzen Jean, Herzog von Berry, einen eifrigen Förderer zu finden. Sie war damals eines der bedeutendsten religiösen Zentren und mit ihrer Universität auch ein Hort der Wissenschaft, bis 1560 durch die Religionskämpfe der Abstieg begann und Poitierts für Jahrhunderte Einfluß und Bedeutung verlor.

Ihre Kunstdenkmäler, Zeugen der großen Vergangenheit, machen die Stadt für den Besucher besonders interessant. Wir finden noch die Reste des herzoglichen Schlosses, das Jean de Berry errichten ließ, das durch seine großartige Renais-

Links oben Sarkophage aus der Merowingerzeit in Civeaux; darunter Saint-Maixent und Niort. Rechts die alte Brücke in Argenton. Rechts Poitiers: oben Blick zum Gewölbe von Notre-Dame-la-Grande, unten das Saint-Jean-Baptisterium von 360, das älteste christliche Bauwerk in Frankreich.

sancefassade besticht. Bei den Sakralbauten muß besonders auf das Baptisterium Saint-Jean, den ältesten christlichen Bau des Landes, hingewiesen werden, sowie auf die romanischen Kirchen Notre-Dame-la-Grande und Saint-Hilaire-le-Grand.

Die größte Kirche Poitiers ist die Kathedrale, deren Baubeginn noch in die romanische Zeit fiel. Ihre Fertigstellung zog sich über Jahrhunderte hin, weit hinein in die Epoche des gotischen Stils. Ihr Mittelschiff hat die enormen Ausmaße von neunzig Metern Länge und siebenundzwanzig Metern Höhe.

Im Poitou, der geschichtlichen Landschaft, deren ehrwürdige Hauptstadt Poitiers ist, erinnert jeder Ort an eine große Vergangenheit. So in Civeaux mit seinem riesigen Gräberfeld aus der Merowingerzeit und längs der Schlösser- und Burgenstraße, an der monumentale Bauten aus vielen Jahrhunderten stehen: das Schloß von Vayres und die riesige Burganlage von Dissay, das verspielt wirkende Coussay und die eindrucksvolle Architektur von Bourg-Archambault, wo ein lustschloßartiger Bau des 15. Jahrhunderts mit einer mittelalterlichen trutzigen Festungsmauer umgeben wurde.

Das Marais Poitevin und seine Küste

Noch im 6. Jahrhundert reichte das Meer bis in die Gegend von Niort, doch allmählich versandete der riesige Golf. Durch Deiche und Kanäle, die mit Hilfe holländischer und englischer Fachleute angelegt wurden, gewann man im Laufe von Jahrhunderten fruchtbares Weide- und Ackerland, das Marais Poitevin (Sumpfland von Poitou).

Endlose Strände mit Dünen und Kiefernwäldern kennzeichnen die heutige Küste bis hin nach La Tranche. Die »Bicoque«, das einfache Landhaus von Georges Clémenceau in Saint-Vincent-sur-Jard, hat man in dem Zustand belassen, in dem es sich bei seinem Tod im Jahr 1929 befand. Durch den Mündungstrichter des Lay getrennt sind La Faute und L' Aiguillon. Ein mit Pfahlwerk befestigter Kanal verläuft zwischen zwei Landspitzen, dem Arçay-Kap, einem Vogelschutzgebiet, und dem flachen Aiguillon-Kap. Das landeinwärts am Zusammenfluß der Sèvre mit einem zum Meer hin führenden Kanal gelegene Marans war einst ein blühender Binnenhafen. In Saint-Michel-en-l'Herm (»Herm« bedeutet Einöde) finden wir die Überreste eines 682 gegründeten Klosters, das wiederholt zerstört und neu aufgebaut wurde; die heute zu sehenden Ruinen stammen aus dem 17. Jahrhundert. Die von Efeu umsponnenen geborstenen Gewölbe sind die romantischste Sehenswürdigkeit des Marais. Dem Kloster gegenüber erhebt sich ein vorgeschichtlicher Austernschalenhügel; wahrscheinlich ernährten sich die ersten Siedler in diesem Gebiet von Austern.

Von Dezember bis Mai ist das sumpfige Sèvre-Tal zwischen Maillé und Coulon häufigen Überschwemmungen ausgesetzt. Ein dichtes Kanalnetz, das von Eschen, Weiden und Pappeln gesäumt wird, unterteilt das Moor in landwirtschaftlich genutzte Parzellen, die vielfach nur zu Wasser erreicht werden können. Flache schwarze Kähne gleiten lautlos über diese Wasserwege und befördern Rinder, Heu und landwirtschaftliche Erzeugnisse, so die berühmten »Mojettes«, Bohnen, die im Sumpfland vorzüglich gedeihen.

Am Rand dieser stillen, abgeschiedenen Welt wurde 1003 die Benediktinerabtei Saint-Pierre-de-Maillezais auf einer Insel im Piktengolf gegründet. Große Berühmtheit erlangte die 1068 von dem Seigneur von Vouvant gestiftete königliche Abtei Saint-Vincent-de-Nieul. Eine herrliche Schöpfung der Spätromanik ist ihr ebenso klarliniger wie lichtvoller Kreuzgang aus dem 12. Jahrhundert. An den Kanälen und Wasserläufen des auch als »Grünes Venedig« bezeichneten Marais liegen bezaubernde Dörfchen und Weiler (Arçais, Le Mazeau, Danvix, Le Vanneau, La Garette). Der bekannteste, wenn auch keineswegs schönste Ort der Gegend ist das an der Sèvre gelegene Coulon mit seinen typischen Häusern.

Auf dieser und der folgenden Doppelseite Ansichten des Marais Poitevin, des Sumpflandes von Poitou. Hier dienen flachbödige Kähne als Verkehrs- und Transportmittel.

Das Marais Poitevin, das auch als »Grünes Venedig« bezeichnet wird, ist ein von vielen Kanälen durchzogenes fruchtbares Weide- und Ackerland (oben typisches Landschaftsbild). Die Häuser der Bauern liegen abgeschieden und sind meist von Eschen, Weiden oder Pappeln umstanden (siehe unten).

L'Aiguillon-sur-Mer am Rand des Marais Poitevin: oben der Hafen am Mündungstrichter des Flusses Lay, links unten das Pfahlwerk der ausgedehnten Muschelzuchten in der Umgebung; daneben Ernte der an den Pfählen angesetzten Muscheln, die jeweils bei Niedrigwasser vorgenommen wird.

La Rochelle und sein Hafen

Flach erstreckt sich zwischen den Mündungen von Sèvre und Charente die Sonnenküste des Aunis. In einer Bucht, die im Südwesten vom Minimes-Kap und im Nordwesten vom Chef-de-Baie-Kap begrenzt wird, liegt La Rochelle, das »Genf der Atlantikküste«, auf felsigem Untergrund, dem es seinen Namen verdankt (*roche* = Felsen). Zwischen Moor und Meer hat diese reizvolle Stadt jahrhundertelang eine wirtschaftspolitische Rolle gespielt, die der der italienischen Seestädte oder der Hansestädte vergleichbar ist.

Um 1000 n. Chr. war »Rochela« noch ein unbedeutender Fischereihafen, doch unter den englischen Plantagenets und Eleonore von Aquitanien erlebte es einen stürmischen Aufschwung. Wein und Salz wurden von hier aus nach Spanien und bis in die Ostseehäfen ausgeführt. Trotz aller Wechselfälle der Geschichte (1224 wurde die Stadt französisch, kam 1360 wieder an England und erst durch Du Guesclin dann endgültig zu Frankreich) wahrte La Rochelle seine Vorrechte. Nach der Entdeckung der Neuen Welt wurden von hier aus in Kanada und auf den Antillen neue Märkte erschlossen, so daß sich der Reichtum der Stadt und ihrer Bewohner unaufhörlich mehrte.

Schon 1540 wurde die Stadt protestantisch; bald war sie die Zuflucht und das Zentrum der Hugenotten ganz Frankreichs, die sich nach der Bartholomäusnacht in ihren Mauern verschanzten. Als nach der Ermordung Heinrichs IV. der von ihm gestiftete Religionsfriede zu Ende ging, landeten im September 1627 die Engländer auf Ré, um die Selbständigkeitsbetrebungen der Hugenotten von La Rochelle zu unterstützen. Daraufhin ließen Ludwig XIII. und Richelieu die Stadt belagern. Um die Hafeneinfahrt für die englischen Schiffe zu sperren, schüttete der Baumeister Clément Métézeau nach einem genialen Plan Richelieus einen anderthalb Kilometer langen Damm auf, der durch versenkte Schiffe verstärkt wurde und allen Stürmen widerstand. Durch diese totale Blockade wurden die Verteidiger der Stadt unter dem Bürgermeister Jean Guitton schließlich in die Knie gezwungen, nachdem Hunger und Seuchen schwer gewütet hatten. Nach fünfzehn Monaten mußten sie sich ergeben. Richelieu ließ die gesamten Wehranlagen der Stadt mit Ausnahme der dem Meer zugewandten Teile

schleifen. Aber die zähen Kaufleute, reichen Reeder und mutigen Seeleute von La Rochelle leiteten bald einen neuen Aufschwung ein; der Handel mit den Kolonien gewann einen unerhörten Umfang. Zucker, Tabak, Häute, Salz, Wein und Kognak waren die Hauptprodukte, die im Hafen umgeschlagen wurden.

Das Ende dieser Blüte kam mit dem Verkauf Kanadas, der Unabhängigkeit Louisianas und der im Verlauf der Französischen Revolution durchgeführten Kontinentalsperre. Als die Eisenbahn den Schiffen Konkurrenz zu machen begann, schien der Abstieg unaufhaltsam zu sein. Aber schon in wenigen Jahrzehnten gelang es der Stadt, ihre Bedeutung als großes Handelszentrum zurückzugewinnen: Man baute den Hafen aus, so daß er von Schiffen jeder Größe angelaufen werden konnte, installierte moderne Verladeeinrichtungen, baute die Infrastruktur aus. Heute steht La Rochelle als Fischerei- und Handelshafen wieder an vierter Stelle in Frankreich.

La Rochelle. Oben links die Porte des Deux Moulins, daneben der Alte Hafen, unten links der Jachthafen, daneben die Porte de la Grosse-Horloge, rechts die Hafeneinfahrt mit dem Ketten- und dem Nikolausturm. Folgende Doppelseite: Gesamtansicht des Alten Hafens.

Das Wahrzeichen von La Rochelle ist der alte, von vielen Künstlern dargestellte Alte Hafen. Die Einfahrt wird durch zwei Türme aus dem 14. Jahrhundert geschützt. Die Tour Saint-Nicolas, im Mittelalter Teil der alten Stadtbefestigung, ist ein mächtiger Wehrbau. Das fünfeckige Festungswerk wird an vier Ecken von Türmen flankiert; die fünfte Ecke überragt der fünfunddreißig Meter hohe viereckige Wachtturm. Das von den Engländern errichtete Bauwerk hat sich im Lauf der Jahrhunderte nach einer Seite hin geneigt, da die Stützpfosten unter dem Fundament nachgegeben haben.

Die Tour de la Chaîne (Kettenturm) ist nach der Sperrkette benannt, die an den Turm geschmiedet war und nachts die Hafeneinfahrt abschloß; sie ist 1368 errichtet worden und dreißig Meter hoch. Ein Türmchen auf der Seite der Hafeneinfahrt diente einst als Stützlager für eine zur Tour Saint-Nicolas führende Bogenbrücke, doch wurde die Brücke wieder entfernt, da sie die Einfahrt in den Hafen behinderte. Der Kettenturm wurde von Richelieu nach der Einnahme der Stadt teilweise geschleift; er diente in der Folgezeit als Pulvermagazin. Im 19. Jahrhundert richtete eine Explosion schwere Schäden an, aber der schöne überwölbte Saal im Inneren blieb erhalten.

Die malerische Rue-sur-les-Murs wurde auf einem Teilstück der mittelalterlichen Wälle angelegt. Sie endet an der Tour de la Lanterne, dem jüngsten (15. Jahrhundert) und eigenartigsten Turm der Hafenbefestigung: Auf einem massiven, sehr wehrhaften Unterbau erhebt sich ein hochgotischer Turm mit hoher achteckiger Spitze, die eine früher als Leuchtfeuer benutzte Laterne trägt. Über der Wachstube dienten sieben übereinanderliegende Räume als Stadtgefängnis; in ihnen waren 1822 zwei der berühmten Anführer des Carbonari-Aufstands eingekerkert, einer gegen Ludwig XVIII. gerichteten Verschwörung. Von dem auf halber Turmhöhe liegenden Balkon aus kann man bei Ebbe die Fundamente des Damms erkennen, der 1628 während der Belagerung der Stadt auf Geheiß Richelieus aufgeschüttet worden war.

Eine der schönsten Städte Frankreichs

Obwohl La Rochelle in den letzten Jahrzehnten stark angewachsen ist, hat doch die Altstadt ihren Reiz und Charakter bewahrt. Schöne alte Wohnhäuser von Kaufleuten und Reedern erinnern daran, daß die Stadt als Hafen- und Handelsplatz eine jahrhundertelange Tradition hat. Da der überwiegende Teil der Bevölkerung protestantisch war, sind diese Häuser größtenteils von edler Strenge und Nüchternheit.

Zugang vom Hafen in die Altstadt gewährt die Porte de la Grosse-Horloge. Das Tor ist ein Überrest der alten Stadtbefestigung aus dem 13. Jahrhundert, doch wurde sein trutzig-massiges Aussehen 1746 durch die Anbringung von bauplastischem Dekor und einer Uhr gemildert.

Charakteristisch für das alte La Rochelle sind die von den Laubengängen schöner Patrizierhäuser gesäumten Straßen und Plätze, so der Marktplatz, die Rue Réaumur, die Rue du Palais, die Rue du Minage, die Rue des Merciers oder die Rue des Gentilhommes. Die Fassaden der alten Bauwerke sind fast ohne Dekor, aber wohlproportioniert. Aus dem 18. Jahrhundert stammt das barocke Hôtel de la Bourse an der Rue du Palais. Die mit Schiffshecks und Trophäen geschmückte, ansonsten harmonisch schlichte Fassade ist einem sehr schönen gepflasterten Hof zugewandt. Ein prächtiges Renaissancehaus ist die Maison de Diane de Poitiers, auch Haus Heinrichs II. genannt; es wurde um 1555 von La Réau für Hugues de Pontard, Seigneur von Champdeniers, erbaut und zeichnet sich durch eine über eine Treppe zugängliche zweigeschossige Loggia aus. Mit Büsten geschmückt sind das Haus des kriegerischen Bürgermeisters Jean Guitton und das Haus Lechêne aus dem 16. Jahrhundert.

Die nie ganz fertiggestellte, dem heiligen Ludwig geweihte Kathedrale hat noch einen Glockenturm

La Rochelle. Links die von Laubengängen gesäumten Straßen der Altstadt. Rechts oben das Rathaus, unten das Stadtwappen über dem Rathausportal, daneben der historische Bürgermeistersaal.

aus dem 15. Jahrhundert und diente den Protestanten als Gotteshaus, ehe sie im 18. Jahrhundert zur Bischofskirche umgebaut wurde. Das bemerkenswerteste Baudenkmal von La Rochelle ist das Rathaus. Ein prächtig geschmücktes hochgotisches Portal gewährt Zugang zu einem Hof. Die herrliche Renaissancefassade besitzt im Erdgeschoß eine ungewöhnliche offene Galerie im Stil Heinrichs IV.; links davon befindet sich ein Pavillon aus der Zeit Heinrichs II. Eine schmucke Wendeltreppe führt zu den Sälen im ersten Stock, dem Schöffensaal und dem Arbeitszimmer von Jean Guitton; die Räume sind mit vergoldetem Schnitzwerk, Marmor und Cordoba-Leder ausgeschmückt.

Weitere Sehenswürdigkeiten im Kern der Altstadt sind der Pranger-Brunnen, das Militärhospital, der Justizpalast (an der Stelle des alten Justizgebäudes aus der Zeit Heinrichs IV.) und die Maison Venette, ein Haus, das einst einem berühmten Arzt gehörte; die Fassade zeigt in Kartuschen Büsten bekannter Heilkundiger aus der Antike.

In der unmittelbaren Umgebung von La Rochelle finden wir den Hafen La Pallice, der als Handelshafen in Frankreich an achter Stelle steht; er wurde ab dem 19. Jahrhundert so ausgebaut, daß auch die größten Schiffe ihn anlaufen können, und wird auch heute noch ständig modernisiert. Romantischer ist zweifellos das Schloß Buzay, der aus dem 18. Jahrhundert stammende Wohnsitz des Reeders P. E. Harouard, eine Mischung von Barock (reicher Girlandendekor) und antikisierendem Stil (ionische Giebelsäulen).

La Rochelle. Links oben die Place du Pilori, darunter Türklopfer und Statue, typischer Dekor der reichen Bürgerhäuser des 17. Jahrhunderts. Rechts oben der Mail-Park in der Nähe des Hafens, unten der Charruyer-Park.

Der Nordteil des Departements Charente-Maritime bildet das Hinterland von La Rochelle; die Ebene zwischen dem Marais Poitevin und den trokkengelegten Mooren um Rochefort wird land- und viehwirtschaftlich genutzt. Die interessanteste Stadt dieses Gebiets ist das zu Unrecht kaum bekannte Surgères. Es geht auf eine im 9. Jahrhundert errichtete Festung zurück, aus der bis zum Jahr 1068 eine elliptische Wehrburg von sechshundert Meter Umfang geworden war, deren Mauern durch halbrunde Türme geschützt waren. Da sie in einer Ebene lag, dienten Wassergräben und das Flüßchen Gères zu ihrer Verteidigung. 1345 kam sie als Lehen des Grafen von Derby in englischen Besitz; später ging sie durch die Heirat von Louise von Surgères an die spanische Familie Fonseca, die ihren Namen in Fonsèque französisierte. Nachdem die Festungsmauern 1472 auf Befehl Ludwigs XI. geschleift worden waren, erwirkte Charles von Surgères von Karl VIII. die Erlaubnis, die Burg wiederaufbauen zu dürfen; 1520 empfing er in seinem Neubau Franz I. 1546 wurde dort Helene von Surgères geboren, eine ausnehmend kluge Schönheit. Sie wurde später Ehrendame am Hof Katharinas von Medici und war die platonische Geliebte des Dichters Ronsard, der für sie einen unsterblichen Gedichtzyklus geschrieben hat.

Die Insel Ré

Nicht sonderlich malerisch, aber ihres südlichen Charakters wegen sehr beliebt ist die langgestreckte sonnige Insel Ré. Die flache Kalksteininsel ist achtundzwanzig Kilometer lang und weist eine enge »Wespentaille« auf. Einst war sie mit dem Festland verbunden. Heute trennt sie ein knapp drei Kilometer breiter Durchlaß von La Pallice; hier steht das Wasser über Untiefen nur etwa sechs Meter hoch. Zu Ré gehören noch die Felseninselchen Loix und Ars, die durch flache Landzungen mit der Hauptinsel in Verbindung stehen.

Der Name der Insel leitet sich von »Ratis« her; so nannten die Kelten die unwirtliche Heide, die einst die Insel überzog. Sie war schon in vorgeschichtlicher Zeit bewohnt. Später war sie wie die ganze französische Atlantikküste eine Beute wechselnder Eroberer, unter denen sich die Normannen und die Engländer jahrhundertelang den Löwenanteil sicherten. Besonders schwer zu leiden hatte Ré, das vom 10. bis zum 17. Jahrhundert den Herren von Thouars, Amboise und Trémoille gehörte, unter den ständigen Auseinandersetzungen zwischen Engländern und Franzosen, die mit dem Hundertjährigen Krieg begannen. Zum dramatischsten Geschehen kam es 1627, als eine englische Flotte die Insel anlief, um den Protestanten von La Rochelle in ihrem Kampf gegen die französische Krone zu Hilfe zu kommen.

Heute herrscht auf der Insel ein bukolisch friedliches Leben. Durch eine regelmäßig verkehrende Fähre ist sie mit dem Festland verbunden. Im breiten, flachen Ostteil wird hauptsächlich Wein und Frühgemüse angebaut; als besondere Delikatesse gilt der von hier stammende Spargel. Die teils winzigen Felder werden mit Tang gedüngt. An der zerklüfteten, dem Atlantik zugewandten Westseite

Auf der Insel Ré. Oben der Hafen von Saint-Martin-en-Ré, rechts der Hafen von La Flotte-en-Ré, rechts oben der Hafen von Ars-en-Ré.

wird schon seit alters Salz gewonnen. Die Fischer landen vorwiegend Meeresfrüchte an.

Die Fähre legt am Sablanceau-Kap an. Von dort führt die Küstenstraße zum Fort de la Brée, das von den Engländern 1627 vergeblich belagert wurde. Ganz in der Nähe finden wir die Ruinen der Abbaye des Châteliers, eines im 12. Jahrhundert gegründeten Zisterzienserklosters, das von den Hugenotten 1623 zerstört wurde. Die romantisch aufragenden Baureste erinnern an das Mutterkloster Saint-Michel-en-l'Herm. La Flotte ist ein kleiner Fischereihafen mit engem Gassengewirr. Saint-Martin-en-Ré war früher das militärische und Handelszentrum der Insel; auf diese einstige Bedeutung verweisen noch zahlreiche Bauwerke. Die Stadtmauer wurde im 17. Jahrhundert von Vauban umgebaut und verstärkt. Noch heute bilden die beiden wehrhaften Stadttore (Porte de Toiras und Porte de Campani) die einzigen Zugänge zur Stadt. Die ruhmreiche Zitadelle, 1681 ebenfalls von Vauban umgebaut, dient seit langem als Strafvollzugsanstalt. Im Hafen, der früher von Schiffen aus aller Welt angelaufen wurde, legen heute nur noch Fischerboote, Privatjachten und Ausflugsdampfer an. Das malerische Hafenviertel, das sein altes Aussehen weitgehend erhalten hat, lohnt einen Besuch.

Das Gut »La Croix-Blanche« bei Bois liegt in einem von Le Nôtre entworfenen Park. Le Fier-d'Ars ist wegen seiner Salzsümpfe bekannt. Zentrum der Salzgewinnung war einst Ars-en-Ré, das inzwischen zum Seglerparadies geworden ist. Die

Gassen des Ortes sind so schmal, daß man die Häuserecken abrunden mußte, damit Fahrzeuge durchkommen konnten. Rings um die Saint-Etienne-Kirche finden wir interessante türmchengeschmückte Renaissance-Häuser, so das »Haus des Seneschalls« aus dem 16. Jahrhundert. Auf der Westspitze der Insel erheben sich der 1854 erbaute, siebenundfünfzig Meter hohe Leuchtturm (Phare des Baleines) und ein alter Leuchtturm aus dem 17. Jahrhundert. Am Ende der Welt fühlt man sich auf dem davorliegenden Strand, der Conche des Baleines (»Walbucht«), so benannt, weil nach uralter Überlieferung hier in römischer Zeit dreihundert Wale an Land geschwemmt worden sein sollen.

Auf der Insel Ré. Oben Salzsumpf, darunter das Tor des ehemaligen Gefängnisses, ganz unten die Abbaye des Châteliers. Rechts oben eine Dorfstraße, darunter zwei Esel (die Hosen sind eine Besonderheit der Insel) und der Leuchtturm an der Conche des Balaines, der »Walbucht«.

5

Die Insel Oléron

Oléron, nach Korsika die zweitgrößte Insel Frankreichs, ragt wie eine Verlängerung der Saintonge in den Atlantik hinein. Einst war die Insel mit dem Festland verbunden, und auch heute ist sie von ihm nur durch schmale Meeresarme getrennt. Beim Chapuis-Kap beträgt die Entfernung lediglich anderthalb Kilometer, und die Meerenge von Maumusson ist bei Ebbe gar nur fünfhundert Meter breit. Flach, fast langweilig ist die Ostküste, vor der Austernzucht betrieben wird. Endlose Strände, auf denen der Wind Dünen angehäuft hat, säumen die dem Atlantik zugewandte Westküste; ein außergewöhnlich mildes Klima herrscht an der nur kurzen Südküste. Mimosen, Eukalyptus und Oleander erinnern an Mittelmeerlandschaften.

Schon die alten Römer schätzten das angenehme Klima. Die von ihnen »Ularius« genannte Insel diente ihnen zur Erholung und zur Wildschweinjagd. Später war die Insel ein umstrittener Zankapfel und ein begehrtes Tauschobjekt, das häufig den Besitzer wechselte. Durch die Wiederverheiratung der Eleonore von Aquitanien kam Oléron an die englischen Plantagenets; durch den blühenden Wein- und Salzhandel erlangten die Bewohner Wohlstand. Mit sechsundsiebzig Jahren zog sich Eleonore in ihre Festung Le Château zurück (1199), um fortan »ihre« Insel zu verwalten. Sie gebot dem wüsten Treiben der Strandräuber Einhalt und schuf mit den »Rôles d'Oléron« die Grundlagen für das spätere Seerecht.

Eine Erhöhung der Salzsteuer, durch die die Salinen in erhebliche Schwierigkeiten kamen, löste 1542 einen Aufstand der Salzsieder aus. Wenig später geriet die Insel in den Sog der Religionskriege und kam erst nach den letzten Stürmen der Französischen Revolution wieder zur Ruhe.

Sand und Luft herrschen auf der von Gebäuden noch keineswegs erdrückten Insel vor; freilich verschwinden nach und nach die kleinen Dörfer mit ihren niedrigen weißgetünchten Häusern samt Brunnen vor der Tür, die Loti so sehr geliebt hat. Seit 1966 führt eine Straße auf die Insel; mit dreitausend Meter Länge ist die auf fünfundvierzig Pfeilern ruhende, dreiundzwanzig Meter über dem Meeresspiegel verlaufende Fahrbahn die längste Brücke Frankreichs.

Die Straße führt zunächst nach Le Château-d'Oléron. Von Eleonores Burg ist nichts mehr erhalten. Die im 17. Jahrhundert auf Richelieus Geheiß erbaute Zitadelle wurde 1945 durch Beschießung beschädigt. Der einzige Schmuck des Städtchens ist der schöne Renaissancebrunnen mit seinen gewundenen Marmorsäulchen auf dem ehemaligen Paradeplatz. In dem in die Wehranlagen eingeschlossenen Hafen ankern ein paar bunte Fischkutter; hier legen auch die Pinassen der Austernzüchter an. Vom Rand des Stadtparks bis Boyardville folgt die »Austernstraße« der Küste, an der in aufgelassenen Salinen Austernteiche angelegt wurden. Die Austern, die sich auf Ziegeln oder Muschelschalen festsetzen, können vier bis fünf Jahre lang wachsen, ehe sie auf den Markt kommen. Hinter dem kleinen Hafen Boyardville erstreckt sich ein acht Kilometer langer Strand, der vom Saumonards-Wald gesäumt wird.

Hauptort der Insel ist Saint-Pierre-d'Oléron; der Turm der aus dem 17. Jahrhundert stammenden

Auf der Insel Oléron. Oben der Leuchtturm von Chassiron, links der Hafen von La Cotinière. Rechts oben die Brücke zum Festland, darunter Ansicht von La Cotinière.

4588 10
ODETTE
270610

Kirche diente früher den Seeleuten als Landmarke. Das schönste Bauwerk ist auf dem Marktplatz die zwanzig Meter hohe Totenlaterne aus dem 13. Jahrhundert. Die zu einem im 11. Jahrhundert gegründeten Kloster gehörende Pfarrkirche in Saint-Georges-d'Oléron birgt eine holzgeschnitzte Madonna, der Überlieferung nach die Galionsfigur eines dänischen Seglers, der in einer Sturmnacht an der Küste zerschellte.

Die Straße nach Saint-Denis-d'Oléron führt an der Brée-Mühle vorbei, einer der letzten Mühlen der Insel. Der fünfzig Meter hohe Leuchtturm von Chassiron (1836) gewährt einen wunderschönen Blick über die ganze Insel, die Meerengen und weit übers Meer. Auf der dem Atlantik zugewandten Westseite gibt es zahlreiche Fischreusen, Fangvorrichtungen, in denen die Fische hängenbleiben, wenn sich das Meer bei Ebbe zurückzieht.

An der Westküste liegt auch La Cotinière mit dem einzigen größeren Hafen von Oléron, der etwa hundert Fischkutter aufnehmen kann. Der farbenfrohe Ort ist ein Paradies für Maler und Fotografen und gleichzeitig das wichtigste Fischereizentrum mit öffentlichen Fischversteigerungen.

Die bekanntesten Ferienorte auf der Insel sind Vert-Bois und Saint-Trojan-les-Bains. Hotels und schöne Privathäuser sind in eine üppige, von ausgedehnten Kiefernwäldern gesäumte Mittelmeervegetation eingebettet. Eine niedliche Kleineisenbahn führt in den Sommermonaten zum Maumusson-Kap.

Auf der Insel Oléron. Oben links gepflasterter Hof, daneben die Kleinbahn von Saint-Trojan, unten die Brée-Mühle. Rechts oben Austernzuchten, darunter das trutzige Fort Bayard in der Charente-Mündung.

Die Insel Aix, die Aunis-Küste und Rochefort

Die strategische Bedeutung des halbmondförmig vor der Charente-Mündung gelegenen Felseninselchens Aix erkannte bereits Ludwig XIV. und ließ es durch Vauban befestigen. Unter Napoleon wurden die Wehranlagen weiter ausgebaut. Am 11. April 1809 setzten die Engländer eine an der »Rade des Basques« ankernde französische Kriegsflotte mit Hilfe brennender Teerfässer außer Gefecht. Auf Aix verbrachte Napoleon auf dem Weg ins Exil nach Sankt Helena seine letzte Nacht auf französischem Boden.

Noch heute legen die Schiffe, die die Insel anlaufen, am Fort de la Rade an, einer von 1810 bis 1837 erbauten Festung, die die ganze Ostspitze von Aix einnimmt. Innerhalb der Mauern säumen niedrige pastellfarbene Häuser die rechtwinklig angelegten Straßen, die nach den Siegen Napoleons benannt sind. Das einzige zweistöckige Gebäude, das einstige »Haus des Gouverneurs« (17. Jahrhundert), heißt »Haus des Kaisers«, seit Napoleon I. dort vom 12. bis 15. Juli 1815 geweilt hat.

Vorgelagert ist die winzige Madame-Insel, die während der Französischen Revolution in Citoyenne-Insel umbenannt wurde. Ihr Name ist mit zweihundertfünfundsiebzig Priestern verbunden, die sich 1794 weigerten, den Eid auf die republikanische Verfassung abzulegen, und deshalb elendiglich ersäuft wurden.

Zwei Kilometer im Meer wurde vor der Küste von Oléron auf Napoleons Befehl das spektakuläre Fort Boyard errichtet – eine der zahlreichen Verteidigungsanlagen, die ein Jahrhundert lang vor den Küsten der Charente gegen die Engländer geschaffen wurden.

Das heutige Châtelaillon, seit der Jahrhundertwende ein beliebtes Seebad, weist bezaubernde, teils elegante Bürgerhäuser auf. Der stark befestigte mittelalterliche Ort, der im 11. und 12. Jahrhundert mit La Rochelle rivalisierte, wurde im 18. Jahrhundert vom Meer verschlungen, worauf man nach regelmäßigem Plan eine neue Stadt erstellte. Wie diese vor dem Zustrom der Touristen ausgesehen hat, kann man allenfalls noch in Teilen der Altstadt ahnen. Seine Beliebtheit verdankt das Seebad seinem vier Kilometer langen Strand, der sich vom alten Saint-Jean-Fort bis zur Ruine des Saint-Romuald-Klosters erstreckt. In dem nahegelegenen malerischen Dorf Boucholeurs wird, wie der Name verrät, Muschelzucht betrieben.

An einer schmalen Halbinsel, die in den Ozean hineinführt, liegt der Insel Aix gegenüber das im Mittelalter gegründete Fouras auf einer felsigen Anhöhe. Die Wellen branden an die alte Stadtmauer, die vom viereckigen Bergfried aus dem 11. Jahrhundert überragt wird. Die Wehranlagen wurden im 14. und 17. Jahrhundert restauriert; die Zugbrücke ist noch erhalten. Im Südhafen schiffte sich Napoleon am 8. Juli 1815 auf der Fregatte »La Saale« ein, um über Aix ins Exil zu gehen. Vier angenehm beschattete Strände bieten den Urlaubern Erholung.

Oben Ansicht der Insel Aix und die Umfassungsmauer des Bayard-Forts, darunter das Haus, in dem Napoleon weilte, ehe er sich nach Sankt Helena einschiffte, ganz unten Schiffsmodell als Votivgabe eines Schiffers in der Kirche von Esnandes. Rechts die Mole von Fouras und ein Tor in Surgères. Folgende Doppelseite: Wanderer am Meeresstrand.

Das geschützt am rechten Ufer der Charente gelegene Rochefort war im 11. Jahrhundert ein Fischerdorf im Schatten einer Burg. Schon Heinrich IV. hatte dort einen Kriegshafen bauen lassen wollen, aber erst Ludwig XIV. verwirklichte 1666 seinen Plan. Er holte dafür den Baumeister Colbert de Verron, während Vauban die Wehranlagen erstellte. Man richtete Werften ein, die im Zeitraum von hundertfünfzig Jahren mehr als dreihundert Schiffe bauten. Zehntausend Menschen waren mit dem Schiffbau beschäftigt. Auf Trockendocks konnten Ausbesserungsarbeiten vorgenommen werden. Es gab sogar eine eigene Künstlerwerkstatt, die ausschließlich damit beschäftigt war, Galionsfiguren zu schnitzen. Die ausgedehnten Anlagen sanken durch die Bombardements des Jahres 1945 in Schutt und Asche, wurden jedoch 1966 wieder aufgebaut.

Unterhalb des Marineparks liegen die stolzen Ruinen der königlichen Seilerei, die einst auch den amerikanischen Markt belieferte. Weitere Zeugen der großen Vergangenheit der Stadt sind das Hôtel de la Marine (17. Jahrhundert), das Hôpital Maritime (18. Jahrhundert) und das Verpflegungslager (die Bäckerei konnte täglich bis zu zwanzigtausend Kilogramm Brot liefern; in den Kellern lagerten achtzehntausend Hektoliter Getränke). Das Arsenal wurde 1927 aufgelassen; heute beherbergen die Gebäude eine Militärakademie.

Exotisch wirkt das Haus von Pierre Loti mit seinen türkischen und arabischen Gemächern, die sorgfältig restauriert worden sind. Hier wurde aus dem protestantischen Marineoffizier Julien Viaud (1850–1923) der Schriftsteller Pierre Loti, der Orientreisende, dessen Werke den Leser noch heute in eine Traumwelt zu entführen vermögen.

Oben Teil der Stadtbefestigung von Brouage mit dem Wachtturm aus dem 17. Jahrhundert, unten Austernzucht vor Marennes. Rechts Überlader (zur Beförderung von Personen und Waren über den Fluß) und Tor des Arsenals in Rochefort, rechts oben eine Kirche im Departement Charente-Maritime, darunter altes Kirchenportal in Saint-Jean-d'Angély.

Von Brouage zum Louvois-Fort

Einst war Brouage eine mächtige Festung und ein bedeutender Atlantik-Hafen; heute ist es ein versandetes Dörfchen, das mehrere Kilometer von der Küste entfernt liegt. Aber die eindrucksvollen alten Wehranlagen sind noch erhalten. Sie gehen auf einfache Wälle zurück, die man ab der Mitte des 16. Jahrhunderts aus den Ballaststeinen der Schiffe errichtete, die im Hafen Salz luden. Später verstärkte man sie durch aus der Umgebung herbeigeholte Steinquadern. Von 1630 bis 1640 wurden weitere Wehranlagen errichtet.

Noch heute betritt man die Stadt durch die majestätische Porte de France, das Stadttor, durch das Marie Mancini 1659 einzog, die Geliebte Ludwigs XIV. und Nichte Mazarins, die ihr Onkel verbannt hatte. Verschwunden sind die alten Häuser, auch das Geburtshaus Champlains, des Gründers von Quebec, doch einige militärische Bauten sind erhalten: Vorratslager, Schmieden, Pulverkeller und unterirdische Gänge, die einst zum Hafen führten.

Durch die »Ochsenfurt« ist die hinter Port-des-Barques ins Meer ragende Landzunge mit dem Madame-Inselchen verbunden. Marennes ist ein Zentrum der Austernzucht, hat aber ansonsten nur wenig zu bieten; immerhin bezeichnete Vauban seinen fünfundachtzig Meter hohen gotischen Kirchturm als einen der schönsten Türme Frankreichs. Vierhundert Meter vom Ufer entfernt erhebt sich inmitten von Austernbänken vor der Chapuis-Küste das bei Ebbe zu Fuß zu erreichende alte Louvois-Fort, das als Wehranlage gegen die Engländer im 17. Jahrhundert erbaut wurde.

Vom »Dornröschenschloß« nach Saintes

Weiter landeinwärts entdeckt man die Zeugen romanischer Kunst in der Saintonge: das Portal von Pont-l'Abbé-d'Arnoult, die Ruinen von Sainte-Gemme, das Kloster Corme-Royal und den reichen bauplastischen Schmuck von Rétaud. Überall in dieser ländlichen Gegend finden wir Kirchen und Schlösser, so den aus dem 13. Jahrhundert stammenden Bergfried von Isleau, das mächtige Schloß Ransanne, wo Du Guesclin verwundet worden sein soll, den prächtigen Herrensitz Balanzac, einen anmutigen Adelssitz in Rioux oder auch die Wasserburg von Mornay.

Am berühmtesten ist das Schloß von Rochecourbon. Mitten in einem dichten Eichenwald errichteten die Herren von La Tour im 15. Jahrhundert ein großes, wehrhaftes Schloß, das im 17. Jahrhundert von Jean de Courbon umgebaut wurde. Von den alten Bauten ließ er nur zwei mächtige Rundtürme

und den viereckigen Hauptturm des Vorwerks stehen und errichtete ein Herrenhaus von majestätischer Harmonie. Das Schloß liegt über einem kleinen Tal, das zum Park umgestaltet wurde: Auf der Schloßseite fällt beidseits eines großen Teiches ein französischer Garten in Terrassen zur Talsohle hin ab, während auf dem gegenüberliegenden Hang treppenartig angelegte Wasserspiele ein prachtvolles Schauspiel ergeben. Auch die Inneneinrichtung zeugt von Prunkliebe und Reichtum. Besonders erwähnenswert ist das herrliche »Badezimmer« mit seiner bemalten Holztäfelung (1662), auf der Landschaften, Allegorien, biblische und mythologische Szenen zu sehen sind. Um die Jahrhundertwende drohte das herrliche Schloß zu zerfallen. Pierre Loti, der Weltreisende und Schriftsteller, startete einen Feldzug zur Erhaltung des »Dornröschenschlosses«, wie er es nannte.

Saintes verdankt seine Entstehung einer über die Charente geschlagenen Brücke. Es war einst die

Hauptstadt der keltischen Santonen und später Römerstadt. Hier soll der römische Dichter Ausonius zu der Zeit gestorben sein, als der heilige Eutropius das Christentum zu predigen begann. Schon im 3. Jahrhundert wurde die Stadt befestigt. Bald zogen statt römischer Legionäre die Wallfahrer nach Santiago de Compostela durch Saintes.

Aus römischer Zeit erhalten sind die Arena aus dem 1. Jahrhundert, die zwanzigtausend Menschen fassen konnte, ein heute grasbewachsenes elliptisches Amphitheater, sowie der aus schönem heimischem Stein errichtete zweibogige Triumphbogen des Germanicus aus dem Jahr 19 n. Chr., der einst in der Mitte der römischen Brücke stand.

Zur ehemaligen Abbaye des Dames (1047 gegründet) gehörte die Kirche Sainte-Marie mit ihrem prächtigen Skulpturenportal, dem schönen Turm und dem originell gedeckten Dach.

Die Kirche Saint-Eutrope war einst Zwischenstation der Santiago-Pilger. Aus dem 12. Jahrhundert stammen noch das Querschiff und der Chor, der heute das Langhaus bildet; im 15. Jahrhundert wurden ein neuer Chor und der Glockenturm erbaut. In der romanischen Krypta steht der Sarkophag des heiligen Eutropius, des ersten Bischofs von Saintes (3. Jahrhundert). Die nie ganz fertiggestellte Kathedrale Saint-Pierre weist ein reich geschmücktes gotisches Portal auf.

Links oben die Kirche von Aulnay, darunter ein kleiner Platz, daneben der römische Triumphbogen in Saintes. Oben rechts das Schloß La Rochecourbon, rechts das Hôtel du Présidial in Saintes, in dem heute ein Kunstmuseum untergebracht ist.

Cognac, eine weltbekannte Stadt

Weltzentrum der Branntweinherstellung und Königsstadt der Valois – dies sind die beiden Gesichter der an der Charente gelegenen Geburtsstadt Franz' I. Erst im 10. Jahrhundert wurde sie gegründet und befestigt. Zweihundert Jahre später kam sie durch die Heirat einer Erbin der Herren von Cognac mit dem Sohn von Richard Löwenherz in englischen Besitz. Aber schon im 12. Jahrhundert errichteten die Lusignans eine Stadtburg zum Schutz der um die Kirche Saint-Léger gewachsenen Stadt, in der die Pilger auf dem Weg nach Santiago de Compostela Rast machten. Das bescheidene Herrenhaus war sicherlich sehr wohnlich, denn Philipp der Schöne und Philipp der Kühne hielten sich gern dort auf, und es war die Lieblingsresidenz des »Schwarzen Prinzen« Eduard von Wales, eines der erfolgreichsten Heerführer des Hundertjährigen Krieges.

Aus der Stadtburg wurde ein Schloß, und als es im 14. Jahrhundert Johann von Valois zufiel, den man den »Guten« nannte, wurde daraus einer der prächtigsten Fürstensitze in ganz Frankreich. Hier wurde am 12. September 1494 Franz von Angoulême geboren, der spätere König Franz I., unter dem die Renaissance im Reich Einzug hielt. Er machte Cognac zur Königsstadt, deren reiches künstlerisches und kulturelles Leben an die italienische Hochrenaissance anknüpfte. Auch spätere Herrscher hielten sich gern im Schloß der Valois auf, so Karl IX., Ludwig XIII., Katharina und Maria von Medici und die Königin Margot (Margarete von Valois). Ludwig XIV. quartierte im Schloß den Gouverneur der Provinz ein, und während der Französischen Revolution wurde es 1795 an den Baron Otard verkauft, einen schottischen Adligen, der darin Weizen und Spirituosen lagerte. Das von mächtigen Rundtürmen flankierte Saint-Jacques-Tor bewacht die Brücke über die Charente. Vom Schloß führt die Grande Rue ins Herz der Altstadt. Schöne Häuser säumen die Rue Saunier, die Rue de l'Isle d'Or, die Rue des Cordeliers. Im Mittelalter zog sich die Stadt hügelaufwärts bis zur Saint-Léger-Kirche, die aus ihrer Frühzeit noch ein romanisches Portal (11. Jahrhundert) und eine gotische Fensterrose aufzuweisen hat.

Schon in römischer Zeit wurde rings um Cognac Wein angebaut. Ab dem Mittelalter vermarkteten englische und später auch holländische Kaufleute die Weine des Gebietes. Im 17. Jahrhundert kam man darauf, daß »gebrannter« Wein fast unbeschränkt haltbar ist und weniger Platz beansprucht. Bald erfreute sich der Branntwein – holländisch »Brandewijn«, englisch »brandy« – ungeheurer Beliebtheit. Im 19. Jahrhundert wurden die riesigen Rebflächen (damals dreihunderttausend Hektar) von Rebläusen befallen. Später hat man nur wenig mehr als hundert Hektar mit immunen amerikanischen Reben bepflanzt, doch genügt das immerhin, um im Jahresdurchschnitt mehr als zweihundertfünfzig Millionen Flaschen Branntwein zu erzeugen. Das Rebland, das den weltberühmten Cognac liefert, umlagert in konzentrischen Zonen die Stadt. Das Gebiet zwischen Cognac und Jarnac, »Grande Champagne« genannt, produziert die besten Weine, doch erstklassige Qualität kommt auch aus dem umliegenden Gebiet, der »Petite Champagne«, wo die Reben ebenfalls auf hervorragenden Kalkböden gedeihen. Beigemischt werden Weine aus den Randzonen »Borderies« und »Bois«.

Links eine Gasse und ein altes Stadttor in Cognac. Rechts oben Weingärten, darunter der Saint-Fort-Dolmen in der Nähe von Cognac.

Das Charente-Tal

Die Charente entspringt im Limousin und schlängelt sich, dreihundertsechzig Kilometer lang, durch das Angoumois und die Saintonge. Pappeln und Weiden säumen den Fluß; im Frühjahr überschwemmte Wiesen bedecken das breite Tal. Bis hinauf nach Saintes wirken sich die Gezeiten aus; ab Angoulême ist die Charente schiffbar. Viele Jahrhunderte lang beförderten Boote Salz, Holz, Bausteine, Wein und Branntwein zu den Häfen von Tonnay und Rochefort, wo die Waren auf Segelschiffe umgeladen und in alle Welt gebracht wurden.

Malerisch liegt das alte Bourg-Charente am linken Flußufer; eine stilreine romanische Kirche aus dem 12. Jahrhundert verbirgt sich zwischen den dörflichen Häusern. Auf einem Felsen in einem Pappelwäldchen erahnt man die stolze Silhouette eines von hohen Dächern gekrönten Schlosses aus dem 16. Jahrhundert; die Steildächer waren zur Zeit Heinrichs IV. üblich.

Fast ist man überrascht, in dieser Landschaft, in der Weideland und Schilf vorherrschen, auf eine Stadt zu stoßen. Freilich ist Jarnac keine Stadt wie jede andere. Eigenartige schmale Gäßchen werden von den schwarzen Mauern von Lagerhäusern gesäumt; am Ufer der Charente steht eine Mühle, und stolze alte Häuser zeugen von einstigem Wohlstand, denn bis zur Vernichtung der Weinberge durch die Rebläuse war Jarnac eine ebenso blühende Stadt wie Cognac. Durch den sprichwörtlichen Jarnac-Stoß in die Kniekehlen, durch den der hier ansässige Edelmann Gui Chabot einen Günstling Heinrichs II. in einem Duell vor den Augen des Königs und des Hofstaats besiegte, kam die Stadt in den Ruf der Hinterhältigkeit.

Auf der nach Angoulême führenden Straße kommt man durch Trois-Palis mit seiner eigenartigen romanischen Kirche. Ganz in der Nähe liegen die Höhlen, in denen sich Calvin mit seinen Anhängern versteckt hielt.

Im Gebiet südlich der Charente herrschen Weiden und Weinberge vor. Von dem abseits gelegenen Maine-Giraud hätte sicher wohl kaum jemand gehört, hätte nicht Alfred de Vigny diesen ländlichen Herrensitz von seiner Tante geerbt und sich dort zwischen 1827 und 1863 häufig aufgehalten, nicht nur, um sich als Dichter durch die Einsamkeit der melancholischen Landschaft inspirieren zu lassen, sondern auch, um sich um die zum Gut gehörenden Weinberge zu kümmern, deren Erlös ihm ansehnliche Einkünfte sicherte. Das Landhaus ist noch heute ein Weingut.

Ein architektonisches Meisterwerk ist das Schloß La Léotardie. Den ebenso prunkvollen wie wehrhaften Bau ließ von 1282 bis 1303 Hélie Léotard errichten, der Erzbischof von Bourges. Einen ganz anderen Geist atmet der in einer bezaubernden Landschaft bei Bonneuil gelegene Herrensitz Breuil aus dem 15. Jahrhundert. Nur noch eine geschichtsträchtige Ruine ist das in der Nähe auf einem Felssporn gelegene Schloß Bouteville, mit dem Namen wie Johann ohne Land, die Familie Lusignan, La Rochefoucauld und Montmorency verbunden sind.

Wer das Tal der Charente kennengelernt hat, kann Heinrich IV. nur zustimmen, der diesen Landstrich einmal als »die schönste Senke des Königreiches« bezeichnet hat.

Links Ansichten aus dem schönen Tal der Charente, oben das Schloß in Barbizeux.

Angoulême und seine Umgebung

Der historische Stadtkern liegt auf einem steil abfallenden Felsplateau hoch über einer Schleife der Charente. Die Hochfläche ist schon seit undenklichen Zeiten bewohnt. Während der Römerzeit hieß die Stadt Eculisma. Sie wurde im 6. Jahrhundert vom heiligen Cybard christianisiert und Hauptstadt des Angoumois, einer Grafschaft, die im 16. Jahrhundert zum Herzogtum erhoben wurde und in den Besitz der Valois kam.

Lange Zeit war die Stadt auf dem sicheren Plateau in ihre Mauern eingezwängt. Erst ab dem 17. Jahrhundert begann sie sich terrassenförmig auszubreiten; an die »Oberstadt«, in der die Adligen und die Bürger wohnten, schlossen sich die Viertel der Kaufleute an, die am flachen Flußufer entstanden.

In Angoulême geboren wurde 1492 Margarete von Valois, die ältere Schwester Franz' I. und Großmutter Heinrichs IV. Als kluge, hochgebildete und künstlerisch interessierte Frau glänzte sie am Hof ihres Bruders, ehe sie Heinrich von Albret heiratete, den König von Navarra, und nach Nérac übersiedelte. Von ihrer Geburtsstätte, dem Grafenschloß, das der letzte Graf aus dem Hause Taillefer im 12. Jahrhundert erbaut hatte, sind nur noch der viereckige Lusignan-Turm aus dem 13. Jahrhundert und der runde Valois-Turm aus dem 15. Jahrhundert erhalten (in ihm soll Margarete das Licht der Welt erblickt haben); heute erhebt sich an der Stelle des Schlosses das Rathaus aus dem 19. Jahrhundert. Von der Stadtbefestigung sind lediglich Reste übrig, so der Ladent-Turm und der Echelle-Turm, zu denen man auf der wunderschönen Wall-Promenade kommt. In den engen, gewundenen Gassen und Straßen der Altstadt, so in der Rue de la Cloche Verte, der Rue Soleil, der Rue de Beaulieu und der Rue des Trois Fours, entdeckt man Tore und interessante Häuser aus dem 16., 17. und 18. Jahrhundert, beispielsweise den prächtigen Renaissancebau des Hôtel de Saint-Simon oder das barocke Hôtel de la Marbrerie (18. Jahrhundert).

Die Bischofsstadt Angoulême war im Mittelalter eine wichtige Pilgerstation und weist zahlreiche Kirchen auf. Neben dem einstigen Taillefer-Schloß steht die Saint-André-Kirche (Vorhalle aus dem 12., Schiff aus dem 15. Jahrhundert). Die Hôtel-Dieu-Kapelle gehörte zum Franziskanerkloster, in dem der Mönch Thevet lebte, der aus Brasilien den

Tabak nach Europa brachte. Überragt werden alle Kirchen von der Kathedrale Saint-Pierre. Ein erstes hier stehendes Heiligtum wurde von den Westgoten zerstört, eine von Chlodwig im 6. Jahrhundert erbaute Kirche von den Normannen verwüstet. Das heutige Gotteshaus wurde unter dem Bischof Girard ab 1100 errichtet.

Links die Saint-Pierre-Kathedrale in Angoulême, darunter bauplastisches Detail der Kathedrale. Oben das Schloß La Rochefoucauld, rechts Blick auf Confolens, unten das Rathaus in Confolens.

Das ganze zu Angoulême gehörende Gebiet, das Angoumois, ist reich an historischen Bauten. Das an einem Steilhang über dem rechten Ufer der Dronne liegende Aubeterre weist eine aus dem Tuffstein des Hanges herausgehauene ehemalige Kirche aus dem 12. Jahrhundert auf, »Monolith« genannt, da sie gleichsam aus einem einzigen Stein besteht. An einen steilen Hügel, auf dem einst ein römisches *oppidum* lag, klammern sich die Häuser von Villebois-Lavallette. Das auf einer Höhe aufragende Schloß La Rochefoucauld war schon im 12. Jahrhundert eine mächtige Festung. Der berühmteste Besitzer war François VI., Herzog von La Rochefoucauld, der Verfasser der *»Maximen«*. Massige Rundtürme säumen den Bau, dessen Hauptturm 1960 teilweise einstürzte.

Royan, das berühmte Seebad

Royan, das Zentrum der »Côte de Beauté«, der »schönen Küste«, verdankt seine Beliebtheit der wunderschönen Lage an der fünf Kilometer breiten Mündung der Gironde mit Front zum offenen Meer.

Schon die keltischen Santonen hatten hier einen Hafen angelegt, der später von den Römern übernommen wurde. Daraus entwickelte sich im Mittelalter eine Ansiedlung, deren Bewohner vom Fischfang und vom Handel mit Wein und Salz lebten und die Lotsen stellten, die die Segelschiffe durch die Trichtermündung von Garonne und Dordogne, Gironde genannt, bis nach Bordeaux steuerten.

Einen neuen Aufschwung brachte das 19. Jahrhundert, als die Seebäder an der Atlantikküste in Mode kamen. Royan wurde zum beliebten Urlaubsort der Bürger von Bordeaux, die direkt am Strand oder in den nahen Kiefern- und Eichenwäldern prächtige Sommerhäuser errichteten. Schon 1824 tauchten am Strand die ersten fahrbaren Badekabinen auf; 1847 wurde ein Kasino eröffnet, und als 1872 Glücksspiele erlaubt wurden, stieg die Besucherzahl sprunghaft an. Vor dem Zweiten Weltkrieg beherbergte der zwölftausend Einwohner zählende Ort in den Sommermonaten alljährlich mehr als achtzigtausend Urlaubsgäste. Aber der Krieg wurde der Stadt zum Verhängnis. Durch alliierte Fliegerangriffe (5. Januar und 15. April 1945) wurde Royan praktisch völlig zerstört. Wie die Stadt früher ausgesehen hat, zeigen uns nur noch Postkarten aus der Vorkriegszeit.

Der Architekt Claude Perret plante und erbaute eine ganz neue Stadt, ein hypermodernes Seebad, das 1960 den Betrieb wieder aufnehmen konnte.

Die über vier Kilomter lange Seefront erstreckt sich von Pontaillac nach der Pointe de Vallières. An der Grande-Conche, der halbkreisförmigen Großen Bucht, reihen sich hinter einem wunderschönen, durch eine Betonblende geschützten Strand moderne Häuser in ununterbrochener Folge. Gegenüber der Hafenmole erhebt sich das Kasino, ein gläserner Rundbau mit drei durch Grünflächen voneinander getrennten Flügeln, die eine ringförmige Galerie zusammenschließt. An den Hafen grenzt die Focillon-Bucht, die vom Kongreßpalast beherrscht wird, einem luftigen Bauwerk aus Stahlbeton und Glas, das zweitausend Menschen fassen kann. Sehenswert ist auch die Kirche Notre-Dame, eine kühne Stahlbeton-Konstruktion des Architekten Gillet. Sie hat Ellipsenform. Das Langschiff wird von einem breiten zweistöckigen Umgang gesäumt, die Ostspitze über dem Hochaltar von einem fünfundsechzig Meter hohen Turm gekrönt. Der einzige Schmuck des nüchternen Kircheninneren ist die von Robert Boisseau geschaffene Orgel mit ihren zinnernen Pfeifen. Unter dem kühnen Betongewölbe, das nur zehn Zentimeter dick und zum Schutz gegen Erosion mit Harz überzogen ist, finden zweitausend Gläubige Platz. In der gleichen Technik errichtete Gillet den Zentralmarkt am Boulevard Aristide-Briand.

Das elegante Stadtviertel Pontaillac hat den Krieg unversehrt überstanden. Die prächtigen Häuser lassen noch den Luxus der »Belle époque« ahnen, die zu Beginn unseres Jahrhunderts die mondänen Badeorte an der Atlantikküste prägte.

Seit 1905 steht auf dem La-Coubre-Kap ein Leuchtturm, zu dem dreihundert Eisenstufen hinaufführen. Wer den Aufstieg wagt, kann als Lohn eine unvergleichlich schöne Aussicht genießen.

Im Gegensatz zu Royan hat Pontaillac den Krieg unversehrt überstanden. Die prächtigen Häuser lassen noch den Luxus der »Belle Époque« ahnen, die zu Beginn unseres Jahrhunderts die mondänen Badeorte an der Atlantikküste prägte. An kleinen, tief eingeschnittenen Buchten stehen die Villen der Wohlhabenden von 1900, beschattet von Pinien. Der Anblick dieser Häuser scheint Aufnahmen aus einem alten Fotoalbum wiederzugeben, besonders, wenn man das Kasino sieht, einen Bau aus den »verrückten zwanziger Jahren«, der sich seit mehr als einem halben Jahrhundert auf inzwischen altersschwachen Pfählen über der Wasseroberfläche erhebt.

Verfolgt man die Bucht weiter, so kommt man an den Mündungen kleiner Bäche vorbei, an denen überall Fischernetze ausgespannt sind, nach Saint-Palais-sur-Mer, in ein abgeschiedenes und ruhiges Familienbad.

Auf der Landspitze von La Coubre steht seit 1905 ein Leuchtturm, zu dem dreihundert Eisenstufen hinaufführen. Die Mühe des Aufstiegs wird belohnt durch eine unvergleichlich schöne Aussicht über das Meer, über Dünen und Wälder. Auf einer Länge von vielen Kilometern ist die der Insel Oléron gegenüberliegende Küste von einem riesigen Wald bedeckt, der sich auch tief landeinwärts erstreckt. Der Wasserarm, der hier das Festland von Oléron trennt, ist die Enge von Maumousson.

Links oben der Strand von Royan, rechts oben Felsen bei Saint-Palais-sur-Mer. Unten die Leuchttürme von Coubre (links) und von Cordouan (rechts).

Die Gironde

Als Gironde bezeichnet man den fünfundsiebzig Kilometer langen, bis zu zehn Kilometer breiten und fünfundzwanzig bis dreißig Meter tiefen Trichter, in dem Garonne und Dordogne nach ihrem Zusammenfluß in den Atlantik münden. Die mächtige Trichtermündung vermittelt einen bescheidenen Eindruck von früheren Zeiten, da das Meer die gesamten tiefgelegenen Regionen des Poitou und der Saintonge bedeckte. Eingeengt wird die Mündung durch die gegenüber Royan vorspringende Pointe de Grave. Starke Strömungen und Untiefen können den Schiffen gefährlich werden, für die Fahrrinnen freigehalten werden.

Vor der Mündung erhebt sich auf einem Felseninselchen der Leuchtturm von Cordouan. Einst war die Insel mit dem Grave-Kap verbunden, aber heute liegt sie zwölf Kilometer vor Royan mitten im Meer. Früh schon diente Cordouan den Schiffern als Landmarke. Im 7. Jahrhundert errichtete Ludwig der Gute hier ein Leuchtfeuer. Der Schwarze Prinz, Eduard von Wales, der sich im Hundertjährigen Krieg auszeichnete, ließ einen achteckigen massiven Turm errichten, auf dessen Spitze ein Einsiedler nachts ein Feuer unterhielt. Als im 16. Jahrhundert Aquitanien wieder zu Frankreich kam und der »Turm der Engländer« einzustürzen drohte, beauftragte Matignon, der Generalstatthalter von Guyenne, den Baumeister Louis de Foix, einen neuen Turm zu erstellen. Von 1584 bis 1601 errichteten zweihundert Bauleute einen herrlichen sechseckigen Turm im Stil der Renaissance, der 1788 durch den Ingenieur Teulère aus Bordeaux zum heutigen Leuchtturm aufgestockt wurde.

Eine Fahrt zum Leuchtturm ist nur bei Ebbe und leichtem Wind zu empfehlen. Ein gewaltiges Tor mit dem Wappen der französischen Krone führt ins Erdgeschoß aus dem 16. Jahrhundert, eine dreihundert Stufen zählende Treppe hinauf zur Aussichtsplattform, die sechzig Meter über dem Meeresspiegel liegt. Von dort aus hat man eine herrliche Aussicht. Sehenswert im ersten Stockwerk ist das Königsgemach mit seinem überraschenden korinthischen Dekor, im zweiten Stock die kreisrunde Kapelle Notre-Dame-de-Cordouan mit ihrem Marmorfußboden und einer wunderschönen Kuppel sowie darüber der »Salon des Bordelais«, den ein zehn Meter messendes Gewölbe überspannt.

Von Royan aus zieht sich der an der Grande-Conche beginnende Sandstrand südwärts bis nach Saint-Georges-de-Didonne. An dieser Stelle setzten einst die nach Santiago de Compostela pilgernden Wallfahrer über die Gironde; heute ist Saint-Georges ein beliebtes Seebad mit einem herrlichen zwei Kilometer langen, von Kiefernwäldern gesäumten Sandstrand. Ganz in der Nähe, beim Valières-Kap, bewohnte der Dichter Michelet ein bescheidenes Haus, wenn er sich in die Einsamkeit zurückziehen wollte. Die von Kiefern abgeschlossene Suzac-Landspitze war schon in der Antike besiedelt, wie die vor einiger Zeit entdeckten Reste einer römischen Villa beweisen.

In dem zur Bedeutungslosigkeit abgesunkenen alten Städtchen Talmont erinnert nur noch wenig an den Glanz vergangener Zeiten, als die Herren der im 11. Jahrhundert auf einer in die Gironde ragenden Halbinsel erbauten Burg von den flußaufwärts fahrenden Schiffen Zoll eintrieben. Die Burg liegt in Trümmern. Wiederhergestellt wurde die in romantischer Einsamkeit liegende Kirche Sainte-Radegonde mit ihrem winzigen Matrosenfriedhof hoch über dem Fluß. Sie wurde 1094 an der Stelle einer karolingischen Kapelle errichtet, die für die Massen der nach dem spanischen Pilgerziel Santiago de Compostela ziehenden Wallfahrer zu klein geworden war.

Unten und rechts oben das Talmont-Kap mit seiner aus dem 12. Jahrhundert stammenden Kirche, links unten Schiffsmodell als Votivgabe eines Schiffers. Rechts unten: Stege führen vom Strand zu den ausgespannten Netzen der Fischer.

Die Pointe de Grave

Diese Landspitze, eine ausgedehnte, mit Kiefern bepflanzte Düne, ist nach dem Kies *(gravier)* benannt, der das Kalkgestein dieses nördlichsten Zipfels der Halbinsel des Médoc bedeckt. Einst war sie mit dem Felsinselchen verbunden, auf dem sich der Leuchtturm von Cordouan erhebt, aber die unablässig anbrandenden Wogen des Atlantik haben die meerwärts gewandte Seite abgenagt, während die der Gironde zugewandte Seite durch Anschwemmungen ständig wuchs.

Die Düne ist durch einen hundertzwanzig Meter langen, durch mächtige Felsblöcke verstärkten Damm geschützt, der die äußerste Spitze Aquitaniens bildet. Die Landzunge trägt einen Leuchtturm und ein Fort. Hier schiffte sich 1777 La Fayette nach Amerika ein, woran ein Gedenkstein erinnert.

Links zwei Ansichten des Meeres bei Soulac, oben Blick auf die Pointe de Grave.

Die sich südlich anschließende Atlantikküste verläuft bis zur Adour-Mündung völlig geradlinig. Die hell schimmernde Gischt hat dem eintönigen, fast dreihundert Kilometer langen Sandstrand den Namen »Côte d'Argent« (Silberküste) eingebracht. Mit Kiefern bepflanzte helle Dünen, die hier und da von großen Seen unterbrochen werden, bilden das Hinterland, das einen ganz eigenen Reiz hat.

Das vielbesuchte Seebad Soulac-sur-Mer hat eine merkwürdige Vergangenheit. An dieser Stelle befand sich vor zwei Jahrtausenden der römische Hafen Noviomagus, der im 6. Jahrhundert vom Meer verschlungen wurde, wie die Reste der alten Stadt in der Flachsee vor der Küste bezeugen. Im 10. Jahrhundert lag der Hafen der neu erbauten Stadt an der Gironde, und eine romanische Basilika mit dem romantischen Namen Notre-Dame-de-la-Fin-des-Terres (Unsere liebe Frau vom Ende der Welt) lockte mit ihren Reliquien und einer Statue der heiligen Veronika scharenweise die Pilger an. Doch die Anschwemmungen der Gironde ließen den Hafen verlanden, und Wanderdünen begruben das Gotteshaus unter sich. 1757 diente die aus dem Sand herausragende Kirchturmspitze den Schiffern auf der Gironde als Landzeichen. 1774 war sie endgültig verschwunden. Der vorausschauende Hotelier Tronche aus Lesparre erwarb 1846 den Strand, baute ein Hotel (das heutige Rathaus) und leitete damit den Aufstieg des Ortes als Seebad ein. Seine Blütezeit begann, als Soulac 1884 an das Eisenbahnnetz des Médoc angeschlossen wurde. Bereits ab 1860 hatte man die alte Basilika freigelegt und wieder instand gesetzt, so daß man heute wieder ihre schönen alten Kapitelle und die altehrwürdige Holzstatue der heiligen Veronika bewundern kann.

Eine durchgehend den Stränden des Médoc folgende Küstenstraße gibt es nicht. Um zum Strand von Montalivet zu gelangen, der seit 1950 ein Paradies für FKK-Anhänger ist, muß man das alte Dorf Vendays passieren. Tausendzweihundert Bungalows sind über mehr als tausend Hektar Sand und Wald verstreut.

Hinter hohen Dünen nimmt Lacanau-Océan ein wunderschönes Fleckchen an der Küste des Médoc ein. Der reizvolle Badeort liegt am Rand eines riesigen Waldes, in dem einst Harz gewonnen wurde; er ist von flachen Sandtälern durchzogen. Hier stoßen drei völlig verschiedene Welten aufeinander, die sich freilich ausgezeichnet ergänzen: das offene Meer, der duftende Wald mit seinen Strandkiefern und ein reizvoller, sehr fischreicher See, in dem es von Schleien, Barschen und Aalen wimmelt. Nahebei liegt Montchic, Seebad und Luftkurort zugleich, ein netter kleiner Ort.

Bordeaux

»Nehmt Versailles, und fügt Antwerpen hinzu – dann habt ihr Bordeaux!« Dieser Ausspruch von Victor Hugo läßt erkennen, daß er wie auch heute noch jeder, der die Stadt an der Garonne besucht, von ihren prächtigen Bauten und ihrer Bedeutung als Hafen zutiefst beeindruckt war.

Vieles hat sich geändert, seit die Römer im Jahr 56 v. Chr. nach Gallien kamen und an einer Flußbiegung die keltische Siedlung Burdigala vorfanden. Sie machten sie zur blühenden Hauptstadt Aquitaniens und führten den Weinbau ein, dem die Stadt viele Jahrhunderte lang ihren Wohlstand verdankte. Nach dem Vorbild der römischen Landhäuser lagen die Häuser der Stadt inmitten von Weinbergen, die damit zum Stadtgebiet gehörten: Dank der Pax Romana war Bordeaux eine offene Stadt.

Die Ablösung der Römer durch die Westgoten schmälerte keineswegs die wirtschaftliche Blüte. 507 wurden die Westgoten durch Chlodwig vertrieben, der das fränkische Reich gründete, und als im 7. Jahrhundert König Dagobert Aquitanien zum Herzogtum erhob, spielte Bordeaux als dessen Hauptstadt erneut eine bedeutsame Rolle. Unter den Herzögen, die in der Stadt residierten, ragen zwei heraus. Der legendäre Huon tötete einen der Söhne Karls des Großen, wurde verbannt, konnte die Tochter des Königs von Babylon als Gemahlin gewinnen, erlangte mit Hilfe des Elfenkönigs Oberon den Bart und vier Zähne des Emirs und wurde schließlich von Karl wieder in Gnaden aufgenommen. Seine Abenteuer sind das Thema einer altfranzösischen Dichtung, und Shakespeare wurde durch die Gestalt Oberons zu seinem *»Sommernachtstraum«* angeregt. Wilhelm von Aquitanien ging in die Geschichte ein, weil er 1137 seine Tochter mit Hugo Capet vermählte und damit zur Gründung des bedeutendsten französischen Herrscherhauses beitrug.

Die große geschichtliche Wende kam für Aquitanien, als Eleonore, die Erbin des Herzogtums, den französischen König Ludwig VII. heiratete und ihm als Mitgift das Poitou, die Guyenne und das Périgord einbrachte. Nachdem Ludwig 1152 seine Gemahlin verstoßen hatte, weil sie ihm keinen Thronfolger geboren hatte, heiratete sie Heinrich

Plantagenet, der 1154 als Heinrich II. König von England wurde. Damit ging ihr aquitanisches Erbe in englischen Besitz über. Da Heinrich schon zuvor Graf der Normandie, von Anjou und der Touraine gewesen war, stand nunmehr über ein Viertel des französischen Territoriums unter englischer Herrschaft.

Dreihundert Jahre lang war Bordeaux eine englische Stadt. Es war eine gute Zeit, die tiefe Spuren hinterließ. Der Handel nahm einen ungeheuren Aufschwung; Schiffe aus der ganzen damals bekannten Welt liefen den Hafen an. Wichtigstes Handelsgut war der Wein, der zu einem beträchtlichen Teil nach England verschifft wurde, hatten doch die Inselbewohner inzwischen ihre Liebe zu diesem Getränk entdeckt: Anläßlich der Krönungs-

Bordeaux, die Hauptstadt Aquitaniens. Links oben die Saint-André-Kathedrale, darunter Brücke über die Gironde (diese alte Steinbrücke war bis 1965 die einzige Straßenverbindung zwischen den beiden Ufern). Oben der Eingang zum Rathaus, unten Blick in die Kathedrale.

feierlichkeiten für Heinrich II. wurden nicht weniger als zweitausend Faß Wein getrunken! Fortan kümmerte sich auch der Staat um die Weinberge und den Wein; strenge Gesetze wurden erlassen. Ein Ohr büßte ein, wer Trauben stahl oder wer als Winzer beim Panschen erwischt wurde. Wein durfte erst ausgeschenkt werden, nachdem ein Prüfer dem frisch angestochenen Faß eine Probe entnommen und sie für gut befunden hatte. Die Weinkoster schlossen sich zur allmächtigen Gilde der »Jurade« zusammen. Das ganze Gebiet wurde durch sein wichtigstes Erzeugnis, den Wein, beherrscht, den die Engländer *claret* nannten; der Bordeaux-Wein wurde in aller Welt berühmt.

Kein Wunder, daß das wirtschaftlich so bedeutsame Bordeaux die unangefochtene Hauptstadt der Guyenne war, wie die Provinz nun hieß (der Name entstand durch phonetische Verstümmelung des alten »Aquitanien«). Der berühmte Schwarze Prinz, Eduard von Wales, der Sohn des englischen Königs Eduard III., hielt in Bordeaux Hof und machte die Stadt während des Hundertjährigen Krieges zu seinem Hauptquartier. Er war ein genialer, kühner Heerführer, der durch überraschende Überfälle Angst und Schrecken verbreitete. 1356 nahm er Johann den Guten bei Poitiers gefangen. Dem Wein war er so zugetan, daß er an Leberschrumpfung starb. Als die Provinz 1453 wieder an Frankreich zurückfiel, sorgten Karl VII. und besonders Ludwig IX. dafür, daß der Reichtum der Stadt nicht geschmälert wurde. Das von den Engländern eingeführte Verfahren, den Bürgermeister und die Stadtverwaltung von den Bürgern wählen zu lassen, behielten sie klugerweise bei. Erst unter Ludwig XIII. wurde auf Betreiben Richelieus zur Stärkung der Gewalt der Krone mit dem »Intendanten« ein neues Exekutivorgan geschaffen, das neben den Magistrat trat und die Interessen des Staates zu wahren hatte. Das schmälerte freilich nicht den Wohlstand der Bewohner, wie die prächtigen Bürgerhäuser aus dem 17. und 18. Jahrhundert bezeugen. Nicht minder eindrucksvoll sind die damals errichteten öffentlichen Bauten.

Auch während der Französischen Revolution machte Bordeaux von sich reden. Seine Abgeordneten, die Girondisten, hatten den Mut, sich den von der Bergpartei ausgelösten Massenschlächtereien zu widersetzen. Zweiundzwanzig von ihnen wurden wegen Verrats an der Republik angeklagt und geköpft. Die englische Blockade während des Ersten Kaiserreichs (die Kontinentalsperre) brachte den Handel im Hafen zum Erliegen, aber diese Episode war nach Napoleons Sturz bald wieder vergessen. Ein neuer wirtschaftlicher Aufschwung setzte ein, und heute zählt Bordeaux zu den fünf großen Seehäfen Frankreichs.

Bordeaux. Oben die berühmten Allées de Tourny, darunter der Börsenplatz, ganz unten das Grand-Théâtre mit seinem Säulenumgang, rechts Blick durch den Säulenumgang.

Eine herrliche Stadt

Auf den ersten Blick erscheint Bordeaux mit seinen Randsiedlungen und eingemeindeten Ortsteilen ungeheuer groß; seine Pracht wirkt kalt, das Stadtbild streng. Aber bei näherem Hinsehen erweist sich sein historischer Kern als durchaus überschaubar, und statt kalter Strenge erkennen wir bald harmonische Eleganz und klassische Schönheit.

Reichtum und Ruhm verdankt die Stadt ihrem Seehandel. Noch heute sind die ausgedehnten Hafenanlagen an der Biegung der Garonne ungemein eindrucksvoll. Hinter dem »Port Maritime« auf dem linken Ufer erstreckt sich die Place des Quinconces, mit zwölf Hektar der größte Platz Europas, der ab 1818 an der Stelle des ehemaligen Schlosses Trompette angelegt wurde. Auf der Ostterrasse erheben sich über der Uferstraße zwei zwölf Meter hohe, mit Schiffsschnäbeln geschmückte Säulen.

Südlich davon liegt das Grand-Théâtre, das in Nachbildung eines antiken Tempels im 18. Jahrhundert an der Stelle eines galloromanischen Heiligtums errichtet wurde, dessen Ruinen zur Zeit Ludwigs XIV. abgetragen worden waren. Dem Architekten, Victor Louis, verdanken wir auch das Thêâtre Français in Paris. Der korinthische Säulenumgang ist sehr getreu antiken Vorbildern nachgestaltet; zwölf Statuen von Berruer und van den Drix krönen das Gesims. Der doppelte Treppenaufgang im Inneren und die neunzehn Meter überspannende lichtspendende Kuppel inspirierten Garnier beim Bau der Pariser Oper. Tausendzweihundert Sitzplätze sind im Halbkreis um die Bühne angeordnet. Zweifellos ist dies das schönste Theater in ganz Frankreich.

Im 18. Jahrhundert angelegt wurde der schmucke Börsenplatz, der zu der von dem Intendanten Aubert de Tourny geschaffenen Hafenfront gehört (Place de Tourny, Allées de Tourny, Cours de Tourny); diese gibt den prächtigen Hintergrund des Port Maritime ab. Begonnen wurde das Unternehmen als »Königsplatz« zum Ruhme Ludwigs XV. von dem Intendanten Claude Boucher und dem Baumeister Jacques Gabriel; de Tourny und der Architekt Ange Gabriel erweiterten und vollendeten ihren Plan. Sie zögerten nicht, an dieser Stelle die Stadtmauer abzutragen, um dem Hôtel de la Bourse, dem Treffpunkt der Winzer und Weinhändler, mehr Platz zu verschaffen; es wurde 1749 fertiggestellt und diente bis zur Französischen Revolution zur Abhaltung internationaler Messen. Den Börsenplatz ziert ein anmutiger Brunnen, dessen drei bronzene Grazien, 1869 von Gumery gegossen, die Kaiserin Eugénie, die Königin Viktoria von England und die spanische Königin Isabella darstellen sollen.

Daß das 18. Jahrhundert für die Stadt ein goldenes Zeitalter war, bezeugen die Häuser aus der Zeit Ludwigs XV. am Parlamentsplatz, die 1748 errichtete Porte Dijeaux, das 1758 fertiggestellte Hôtel de la Marine und viele schöne Bürgerhäuser aus dem gleichen Jahrhundert. Weniger ins Auge fällt die hinter diesen Prachtbauten verborgene mittelalterliche, durch die Gotik geprägt Altstadt von Bordeaux. Ein schöner gotischer Wehrbau ist das Cailhau-Tor (so benannt nach den Ballaststeinen, die von den Schiffen einst hier ausgeladen wurden), das zur Erinnerung an die Schlacht bei Fornovo (1495) errichtet wurde, in der der Adel von Bor-

Bordeaux. Links oben der Parlamentsplatz, darunter das Cailhau-Tor, der Überrest einer mittelalterlichen Wehranlage, und ein Detail des bauplastischen Schmucks. Rechts das aus dem 15. Jahrhundert stammende »Tor der dicken Glocke«; die Glocke läutete einst die Weinlese ein.

OBOBA

deaux an der Seite Karls VIII. einen Sieg errang. Grosse-Cloche (Dicke Glocke) heißt ein im 15. Jahrhundert umgebautes Tor an der Rue Saint-Jacques, dessen einundvierzig Meter hohen Rundtürme die Glocke tragen, die in früheren Zeiten wichtige Ereignisse einläutete, beispielsweise den Beginn der Weinlese.

Vom mächtigen Schloß Trompette, das einst Karl VII. erbauen ließ, um die Stadt in Zaum zu halten, ist nichts mehr erhalten, wohl aber von der zur gleichen Zeit und zum gleichen Zweck erstellten Festung Hâ, von der an der in die Landes führenden Straße noch einer von fünf Türmen steht. Sie spielte in den Religionskriegen eine Rolle, war die Residenz der Intendanten der Guyenne, und bis 1969 diente der noch erhaltene Turm als Gefängnis.

Am Rand der Altstadt finden wir eine Reihe von Kirchen. Dem Flußufer am nächsten steht im ehemaligen Schifferviertel die Kirche Saint-Michel, die ab 1376 an der Stelle eines romanischen Gotteshauses erbaut wurde. Ihr Portal ist ein Meisterwerk der Hochgotik. Berühmt ist die Kirche durch ihren dreißig Meter davor stehenden Turm, der mit hundertundneun Meter Höhe lange Zeit das höchste Bauwerk Südfrankreichs war, aber auch durch die unter dem Turm befindliche Mumiengruft mit siebzig mumifizierten Leichnamen, die 1810 von einem benachbarten Friedhof hierher überführt wurden. Von der Höhe des Turms aus genießt man einen unvergleichlich schönen Rundblick.

Auch der Glockenturm der Kathedrale (Saint-André), die Tour Pey-Berland, steht etwa dreißig Meter vom Gotteshaus entfernt. Er ist nach seinem Erbauer, der um 1440 Erzbischof von Bordeaux war, benannt und trägt eine elf Tonnen schwere Glocke. Störend wirkt die 1863 auf die Turmspitze aufgesetzte vergoldete Marienstatue. Die Kathedrale selbst ist ebenso groß wie Notre-Dame in Paris. Einst war sie in die Stadtmauer eingebunden. Für die schmucklosen Wände entschädigen zwei herrliche Portale, besonders das im 13. Jahrhundert zur Zeit Ludwigs des Heiligen geschaffene Königsportal mit seinem reichen Skulpturenschmuck, das gekrönten Häuptern vorbehalten war. Der nördliche Querschiffarm wird von zwei einundachtzig Meter hohen Türmen flankiert.

Bis 1810 führte keine Brücke über die Garonne. In diesem Jahr ließ Napoleon den Bau einer fünfhundertein Meter langen steinernen Brücke in Angriff nehmen, die freilich erst 1822 fertiggestellt war; 1953 wurde sie verbreitert. Sechzehn Pfeiler tragen ihre siebzehn Bogen. Für die Eisenbahn erstellte Eiffel 1855 eine massive Stahlbrücke. Dazu kam später eine Eisenbetonkonstruktion, die über fünfhundert Meter lange Saint-Jean-Brücke, und in neuer Zeit (1960–1967) der Pont d'Aquitaine, eine tausendsechshundert Meter lange Hängebrücke, deren Fahrbahn in sechzig Meter Höhe die Gironde überspannt – ein kühnes Bauwerk, das die ungebrochene Dynamik und Weiterentwicklung dieser Stadt bezeugt.

Bordeaux. Links die romanische Saint-Seurin-Kirche und darunter die Porte Dijeaux. Oben der Drei-Grazien-Brunnen auf dem Börsenplatz und darunter bauplastisches Detail des Portals der Börse.

Das Médoc

Das Médoc teilt sich in zwei Zonen: in den Küstenstreifen mit seinen endlosen Sandstränden, den duftenden Kiefernwäldern und den malerischen Seen, und das Weinland, das sich, achtzig Kilometer lang und fünfzehn Kilometer breit, vom Stadtrand von Bordeaux bis zur Pointe de Grave erstreckt. Hier gedeihen die köstlichen Weine, denen das Bordelais seinen Ruf verdankt. Meist tragen sie die Bezeichnung »Château« in ihrem Namen, und seit 1855 sind sie in Qualitätsklassen unterteilt: »Grand Crus«, »Crus Bourgeois« und »Grands Bourgeois«.

Die berühmtesten Lagen finden wir im Haut-Médoc, das unmittelbar nördlich von Bordeaux beginnt. Bei Blanquefort liegen die Schlösser Duras (14. Jahrhundert, Ruine), Le Taillan und La Dame Blanche (18. Jahrhundert). Vorbei an dem eleganten Herrensitz Agassac, dessen schlanke Türme sich in Wassergräben spiegeln, gelangt man nach Margaux, das mit dem Château-Margaux, einem hervorragenden Rotwein, Weltberühmtheit erlangte. Das heutige Schloß wurde ab 1802 an der Stelle der alten Burg Mothe (13. Jahrhundert) errichtet.

Die Weinberge rings um das Schloß Issan, das während der englischen Herrschaft erbaut wurde, lieferten den Lieblingswein von Kaiser Franz Joseph von Österreich. Die Weine des bezaubernden Château Palmer kamen als erste Médoc-Weine unter Ludwig XV. auf die königliche Tafel. Das Schloß in Lamarque (Fähre nach Blaye) entstand im 14. Jahrhundert auf den Ruinen einer alten Ritterburg und wurde im 16. Jahrhundert umgestaltet. Sein mittelalterliches Aussehen bewahrt hat La Tour-Carnet, das einst dem Schwager Montaignes gehörte.

Saint-Julien-Beychevelle ist einer der berühmtesten Orte des Médoc. »Beychevelle« leitet sich von *baisser voile* (die Flagge dippen) her; dies mußten alle Schiffe tun, die am Schloß des Herzogs von Epernon vorbeifuhren, denn dieser war Großadmiral des Reiches. Über Château-Latour kommt man zu dem der Insel Patiras gegenüberliegenden Städtchen Pauillac, das nicht nur ein Weinbauzentrum ist, sondern auch einen bedeutenden Hafen (für Tanker) und eine Erdölraffinerie aufzuweisen hat. Weltbekannt ist Pauillac als Herkunftsort erstklassiger, fast legendärer Weinsorten. Das mitten in siebzig Hektar Rebland gelegene Mouton-Rothschild gehörte den Herren von Pons, aber seine Glanzzeit begann, als es in den Besitz der Familie Rothschild überging. In den eindrucksvollen Kellergewölben findet sich ein außergewöhnliches Weinmuseum mit einer Sammlung seltener Flaschen und Gläser; ägyptische Alabastergefäße stehen neben persischen und venezianischen Glaswaren.

Château Lafite (von *la hite* = der Hügel) ist das älteste unter den berühmten Schlössern dieses Gebiets. Im 17. Jahrhundert mit einem Schloßgraben umgeben und im 18. Jahrhundert weiter ausgebaut, kam es 1868 an die Rothschilds. Absonderlich wirkt das Schloß Cos-d'Estournel in der Nähe des Weinorts Saint-Estèphe: Es wurde im 18. Jahrhundert als Nachbildung des Sultanspalasts in Sansibar erbaut, ist also eine der orientalisierenden *folies* (Verrücktheiten), wie sie damals groß in Mode waren.

Weinberge gibt es auch am rechten Ufer der Gironde bei Blaye und Bourg. Der zweitgenannte Ort liegt auf der Höhe des Zusammenflusses von Dordogne und Garonne (Bec d'Ambès); interessant ist die einst von einer wehrhaften Mauer umschlossene Oberstadt mit der – restaurierten – Zitadelle, in der früher die Bischöfe von Bordeaux residierten.

Die »Châteaux« im Bordelais sind teils richtige Schlösser, teils große Weingüter. Oben ein Weingut in Blaye und zwei Ansichten von Schloß Margaux sowie das Gitter des Schlosses Beychevelle. Unten Blick auf das Rebland von Mouton-Rothschild. Rechts das Schloß Issan unweit von Margaux und Weinlese im Médoc.

Von Bourg nach Saint-Emilion

Wenn wir von Bourg aus längs der gemächlich dahinfließenden Dordogne flußaufwärts fahren, kommen wir zunächst nach Saint-André-de-Cubzac, bekannt durch seine kühne Eisenbahnbrücke, eine Stahlkonstruktion, die Eiffel 1882, also einige Jahre vor dem berühmten Eiffelturm, über dem Fluß errichtete. Nicht minder interessant ist das wunderschöne Schloß Bouilh auf der Höhe eines sonnigen Weinbergs.

Libourne ist nach dem Seneschall Leyburn benannt, der die Ortschaft im 13. Jahrhundert gegründet hat. Wegen seiner strategischen Lage an der Kreuzung zweier großer Fernstraßen und als Treffpunkt von Fluß- und Seeschiffahrt war die Stadt unter englischer Herrschaft eine mächtige Festung mit einem bedeutenden Hafen.

Weltberühmt durch seine Weine ist Saint-Emilion, doch Beachtung verdient das malerische Städtchen, das sich sein mittelalterliches Aussehen noch weitgehend bewahrt hat, auch wegen seiner interessanten Bauten, Höhlen und verschlungenen Gäßchen. Wegen der herrlichen Lage ließ sich im 4. Jahrhundert der römische Dichter Ausonius hier nieder. Später siedelten sich Benediktiner in Felshöhlen an. Auch der heilige Aemilianus, nach dem der Ort benannt ist, hauste zunächst als Einsiedler in einer Höhle, ehe er das Kloster gründete, in dem er 767 starb. Die von den Normannen gebrandschatzte Stadt entwickelte sich im Mittelalter rasch; unter englischer Herrschaft wurde sie befestigt, doch alle außerhalb der Stadtmauern gelegenen Gebäude wurden während des Hundertjährigen Krieges und der Hugenottenkriege zerstört. In der Nähe des ehemaligen Bürgertors lassen noch die Ruinen des Kardinalspalastes erahnen, wie prächtig einst die Residenz des Kardinals Gaillard de la Mothe war, der als Neffe von Papst Klemens V. ungemein einflußreich war. Eine enge Gasse führt durch den Bogen der Porte de la Cadène, die die Ober- von der Unterstadt trennt, mitten in die Altstadt hinein. Am malerischen Marktplatz sieht man das im 14. Jahrhundert vorgebaute hochgotische Portal der wahrscheinlich zwischen dem 8. und 11. Jahrhundert in den Fels gehauenen Eglise Monolithe, einer wunderschönen Felsenkirche mit einem vierzig Meter langen, elf Meter hohen und von mächtigen Pfeilern getragenen dreischiffigen Innenraum.

Auf felsiger Höhe liegt das Château du Roi, eine 1237 von den Plantagenets erbaute Stadtfestung mit einem viereckigen Wachturm. Darunter befindet sich ein in den Untergrund gehöhlter großer Saal, der einst als Tagungsraum diente.

Rebland mit berühmten Lagen umsäumt die Stadt. Dörfer wie Montagne, Saint-Georges, Lussac oder Pomerol drängen sich um ihre Kirchen aus romanischer Zeit. Zwar tragen auch die hier erzeugten Weine das Wörtchen »Château« in ihren Namen, aber dabei handelt es sich nicht um Burgen oder Schlösser, sondern um große Weingüter.

Ein richtiges Schloß war einst das Château Montaigne, zu dem die Freunde der Literatur aus nah und fern pilgern. Hier wurde 1533 der Dichter und Philosoph geboren, hier ist er 1592 gestorben. Vom alten Bau sind Teile der Schloßmauern und die beiden Türme erhalten, in denen Montaigne und seine Frau einst gelebt haben.

Oben die romanische Kirche in Saint-André-de-Cubzac, darunter Ansicht von Libourne, ganz unten Ruinen des ehemaligen Kardinalspalasts in Saint-Emilion; rechts oben Ruine in den Weinbergen bei Saint-Emilion, darunter Eingang zu einem Weingut, daneben das Château Montaigne.

Die Region Entre-Deux-Mers

Vieles noch erinnert in dem lieblichen Hügelland zwischen Dordogne und Garonne an die Zeit, da Aquitanien zu England gehörte. Als Zeugen einer längst vergangenen Herrlichkeit liegen Burgen, Schlösser und Klöster inmitten von riesigen Weinbergen, die vorzügliche Weine liefern.

Befestigte Orte säumen das rechte Ufer der Garonne. In Langoiran finden wir die Ruinen eines mächtigen, vom Geschlecht der Albret im 13. Jahrhundert erbauten Schlosses. Die von Efeu übersponnenen Mauern werden vom riesigen Hauptturm überragt. Noch heute führt das Lhyan-Tor aus dem 14. Jahrhundert nach Rions hinein. Erhalten sind ebenfalls die Tore und Wälle von Cadillac aus der Zeit um 1280, als der Ort befestigt wurde, sowie das Schloß, das Jean-Louis de Nogaret de Lavalette, Herzog von Epernon und Günstling Heinrichs III., Heinrichs IV. und Ludwigs XIII., von 1598 bis 1620 erbauen ließ. Freilich hat das von namhaftesten Künstlern geschaffene »Fontainebleau Aquitaniens« durch die Französische Revolution und später durch seine Verwendung als Zuchthaus erheblich gelitten.

Das in seinen Weinbergen verborgene Verdelais wurde dadurch berühmt, daß der auf dem nahen Schloß Malromé gestorbene Maler Toulouse-Lautrec hier seine letzte Ruhestätte fand; zu einem aus Holz geschnitzten und bemalten Marienbildnis, das Wunder wirken soll, pilgern Gläubige schon seit dem 11. Jahrhundert.

Hoch über der Garonne liegt La Réole mit seinen malerischen Gassen und alten Häusern. Hier finden wir das älteste Rathaus Frankreichs, einen einzigartigen romanischen Bau aus dem 12. Jahrhundert. Das Erdgeschoß bildet eine säulengestützte Markthalle, darüber befindet sich ein Gerichtssaal. Fast spurlos verschwunden ist das von Karl dem Großen gegründete Benediktinerkloster, dessen Regel so streng war, daß es »Regula« genannt wurde; davon leitet sich der Name des Städtchens her. Trutzig ragen die von Gestrüpp überwucherten Ruinen des Schlosses von Richard Löwenherz über dem Fluß auf.

Eine Fahrt von dreißig Kilometern auf bezaubernden Landstraßen genügt, um eines der berühmtesten Weinbaugebiete der Erde, das Sauternais, zu umrunden. In dieser winzigen hügeligen Region, in der jedes Fleckchen Erde mit Reben bepflanzt ist, gedeiht der vollmundige, blumige »vin d'or«, der »goldene Wein«. Rings um Sauternes, Bonnes und Barsac liegen die Weingüter, die ihre Erzeugnisse mit dem Zusatz »Château« versehen dürfen. Spitzenweine werden aus den Beeren gewonnen, die erst gelesen werden, wenn sie von der »Edelfäule« befallen sind.

Viele Güter sind wegen ihrer Weine berühmt, aber architektonisch bedeutend sind nur wenige. Zu den Ausnahmen gehören Château Yquem, Château Coutet und Malle. Château Yquem ist ein bezaubernder Herrensitz mit einem Renaissancebrunnen im Innenhof, zwei wehrhaften Torbauten und vier Ecktürmen, die auf einem Meer von Reben zu schwimmen scheinen. Malle ist ein architektonisches Meisterwerk des 17. Jahrhunderts mit zwei Rundtürmen, einem Park nach Versailler Vorbild und reicher Innenausstattung – ein kleines, aber prächtiges »Versailles der Provinz«.

Unten ein Weingut im Sauternais, darunter das Schloß Monbazillac. Rechts: Im Weinland Entre-Deux-Mers, darunter der Kreuzgang des ehemaligen Klosters von La Réole und die humorvolle Werbung eines nahen Weinguts.

Die Graves

Zwischen Langon und Mérignac erstreckt sich ein von Wäldern gesäumtes Weingebiet, die Graves, zu denen auch das Sauternais gehört. Vom Rand der Landes bis zu den Vororten von Bordeaux weisen sie die für das Rebland des Bordelais typischen steinigen Böden auf, denen sie ihren Namen verdanken: *Graves* kommt von *gravier* (Kies, Geröll). In dem von Bächen und Flüssen entwässerten Hügelland gedeihen sehr unterschiedliche Weine, trokkene Weißweine und edle Rotweine, die freilich nicht so berühmt sind wie die Weine des Médoc. Hingegen handelt es sich bei den vielen »châteaux« tatsächlich um Schlösser und Herrensitze und nicht nur um Weingüter.

La Mission Haut-Brion, ein prächtiger Landsitz (1785), wurde von Lazaristen aus Talence errichtet; aus der damaligen Zeit stammen noch die bemalten Glasfenster in der alten Kapelle. Das Schloß Haut-Brion ist nach dem Admiral de Brion benannt, der im 16. Jahrhundert Bürgermeister von Bordeaux war; später gehörte es Talleyrand. Seine Weine wurden 1855 den gleichen Güteklassen zugeordnet wie die berühmten Médoc-Weine. Aus dem 14. Jahrhundert stammt das Schloß Carbonnieux. Die schlauen Mönche, denen es gehörte, kamen auf die Idee, ihren Wein mit dem beschönigenden Etikett »Mineralwasser von Carbonnieux« in die Türkei zu verschiffen, um das Alkoholverbot des Islam zu umgehen. Die im 14. Jahrhundert errichtete Burg Olivier war das Jagdschloß des Schwarzen Prinzen. Das Schloß Pape Clément, um 1300 von Bertrand de Got, dem späteren Papst Klemens V., erbaut, gehörte lange Zeit den Erzbischöfen von Bordeaux.

Am bekanntesten ist das Schloß La Brède am Rand der Landes-Wälder, in dem am 18. Januar 1689 Charles de Secondat, Baron de Montesquieu, geboren wurde. Hier verbrachte er seine Kindheit, und auch später, als er Ratsherr und schließlich Präsident des Parlaments von Bordeaux war, lebte er die meiste Zeit auf dem Schloß, wo ihn der Weinbau ebenso in Beschlag nahm wie seine schriftstellerische Tätigkeit. An den Baulichkeiten, die ein recht unterschiedliches Bild boten, ließ er nichts verändern; in den breiten Wassergräben spiegelten sich ein Bergfried aus dem 13., eine Kapelle aus dem 15. und Türme aus dem 16. Jahrhundert; im 17. Jahrhundert hatte man den Innenhof in eine zum Wald hin offene Terrasse umgewandelt. Lediglich den Park gestaltete er zu einer von Bäumen eingefaßten großen Wiese um. Sehenswert im Inneren sind der schöne Vorraum mit seinen gewundenen Säulen, das Arbeitszimmer des Dichters mit den alten Bodenfliesen und Möbeln und die Bibliothek mit einer prächtigen gewölbten Kassettendecke; hier beschloß Montesquieu sein Leben.

Zwischen dem Bordelais, den Landes und der Gascogne liegt das freundliche Bazadais, ein geschichtsträchtiger Landstrich mit einer herrlichen Natur und interessanten Baudenkmälern. Ihnen begegnen wir beispielsweise im Hauptort der Gegend, in Bazas. Von Bogengängen gesäumt ist der prächtige Hauptplatz mit seinen schönen Häusern aus dem 16. und 17. Jahrhundert (originelles »Haus des Astronomen«). Das 1233 begonnene reich skulptierte Portal der gotischen Kathedrale zeigt biblische Szenen. Vom einstigen Bischofspalast ist nur noch ein Turm erhalten.

Links oben alter Brunnen in Saint-Macaire, darunter das Schloß der Herzöge von Epernon in Cadillac, ganz unten alter Wasserspeier. Rechts das schöne Schloß La Brède, das einst Montesquieu gehörte, darunter ein Fenster und das Schlafgemach des Philosophen und Schriftstellers.

Arcachon

Die geradlinige Küstenlinie der Côte d'Argent wird lediglich durch das Becken von Arcachon unterbrochen, eine dreieckige, tief ins Land einschneidende Bucht, die ein regelrechtes Binnenmeer bildet. Nur eine schmale Meerenge verbindet sie mit dem Atlantik; ansonsten hält eine langgestreckte, im Cap Ferret endende Halbinsel die Wucht des offenen Meeres ab. Lange Zeit war das Becken von Arcachon eine abgelegene Einöde aus Wasser und Sand.

Schon um 500 v. Chr. sollen die Phönizier an der Bucht eine Kolonie gegründet haben, die von den Griechen Arkeseon (Rettungshafen) genannt wurde; rund hundert Jahre später ließen sich keltische Bojer in der Gegend nieder. Aber danach gab es hier viele Jahrhunderte lang bestenfalls ein paar armselige Fischerhütten. Im Mittelalter gehörte das Gebiet den mit den Engländern verbündeten Herren von La Teste, die von Du Guesclin besiegt und verjagt wurden. Im 18. Jahrhundert verfolgte Ludwig XV. den Plan, an der Bucht einen Kriegshafen anzulegen, doch die Wanderdünen vereitelten sein Vorhaben. Erst als 1841 die Eisenbahn bis La Teste geführt wurde, begann man sich wieder für das Becken von Arcachon zu interessieren. Um 1845 wurden in Arcachon erste Landhäuser, mit Tamarisken und Mimosen bestandene Alleen und stattliche Häuser am Strand erbaut, nachdem man ab 1788 die Dünen durch die Anpflanzung von Kiefern befestigt hatte. Gleichsam offiziell eingeweiht wurde der neu entstandene Badeort im Jahr 1859 durch einen Besuch Napoleons III.

Das heutige Seebad, das sich im Halbkreis über fast zehn Kilometer erstreckt, besteht aus der Sommer- und der Winterstadt. Hauptattraktion der Sommerstadt ist die Strandpromenade mit ihrem herrlichen Ausblick und der zweihundert Meter langen Deichpromenade. Die Winterstadt ist als schön angelegte Parkstadt zwischen Bäume und windschützende Dünen eingebettet. Zudem gibt es in Arcachon auch noch einen richtigen Fischereihafen, in dem die angelandeten Fänge öffentlich versteigert werden, ein Meeresmuseum, das der Fauna des Beckens von Arcachon und der Austernzucht gewidmet ist, und eine friedliche »Altstadt« mit Häusern aus dem 19. Jahrhundert, in der man den Flair der »guten alten Zeit« wiederfindet.

Wälder, Strände, kleine Austernhäfen und Badeorte säumen das achtzig Kilometer lange Gestade des Beckens von Arcachon. Die Vogelinsel dient vielen Zugvögeln als Zwischenstation. Bis zum 19. Jahrhundert war das aus einem Herrensitz hervorgegangene La Teste-de-Buch ein unbedeutendes Fischerdorf, doch nachdem François le Gallais Hotels und eine Fabrik für die Gewinnung von Kiefernharz errichtet hatte, wurde der Ort um 1840 zum beliebtesten Badeort des Bordelais.

Am Ortsausgang von Gujon-Mestras erhebt sich Schloß Ruat, die letzte Residenz der Herren von Buch. Hochinteressant ist das an der Mündung der

Oben Blick auf Arcachon und das Becken von Arcachon, links die Küste bei Andernos-les-Bains. Rechts Dünen und Strände am Becken von Arcachon. Folgende Doppelseite: Luftaufnahme von Austernbänken im Becken von Arcachon.

Leyre 1972 geschaffene, hundertzwanzig Hektar Sumpfland umfassende Vogelschutzgebiet, durch das sich ein gekennzeichneter Beobachtungspfad windet. Am Ostufer des Beckens von Arcachon führt eine Straße durch reizvolle Dörfer am Rand des Regionalparks der Landes, in denen hauptsächlich Fischer und Waldarbeiter leben. Ein uraltes Städtchen ist Andernos: In der Nähe einer romanischen Kirche aus dem 12. Jahrhundert ist der Unterbau einer gallisch-römischen Basilika aus dem 4. Jahrhundert zu sehen. Seit dem letzten Jahrhundert ist der Ort ein vielbesuchtes Seebad, in dem die Schauspielerin Sarah Bernhardt im ausgehenden 19. und frühen 20. Jahrhundert gern die Sommermonate verbrachte.

Die Cap-Ferret-Halbinsel

Achtzehn Kilometer ist die sandige Landzunge lang, die das Becken von Arcachon, einst auch »kleines Meer von Buch« genannt, vom Atlantik trennt. Ihre Südspitze, das Cap Ferret, grenzt im Westen die drei Kilometer breite Einfahrt ins Becken ab, die bei schlechtem Wetter wegen der vielen Sandbänke und starken Gezeitenströmungen für die Schiffahrt Gefahren birgt. Von Arcachon aus erreicht man das Kap entweder mit dem Schiff oder auf der Straße, die um das Becken herumführt. Auf das bereits erwähnte Andernos und den Austernhafen Arès folgt eine Dünenlandschaft, die sich unablässig verändert; wegen der Wanderdünen

mußte 1925 die Kirche von Lège versetzt werden. Wenn wir uns nun nach Süden wenden, kommen wir zur Noroit-Küste mit ihren Austernbänken. Sie beginnt bei Claouey und wird von mehreren Dörfern gesäumt. Zentren der Austernzucht sind Petit-Piquey, Grand-Piquey und Piraillan.

Der Ortsname Le Canon geht auf ein Geschütz zurück, das aus der Zeit der Seeschlachten gegen die Engländer im 17. und im 18. Jahrhundert stammte. L'Herbe ist der anziehendste Ort, der eine recht ungewöhnliche Einrichtung aufweist. Zu beiden Seiten der engen Straße stehen hölzerne Hütten mit viel Gitterwerk, die sich bis zum Hafen hinziehen, wo reges Treiben herrscht und die Fischerboote zur Ausbesserung an Land gezogen werden. Die ehemals so pompöse Ansiedlung Villa Algérienne, 1866 von dem Architekten Lesca erbaut, der

Oben Kiefernwald bei Arcachon und das Becken bei Ebbe. Links die Pilat-Düne am Südrand des Beckens, rechts das Vogelschutzgebiet von Le Teich.

auch den Hafen von Algier entwarf, die 1965 abgebrochen wurde, lag vier Kilometer nördlich von Cap Ferret. Nur noch die einsame Kapelle ist übriggeblieben, die inmitten eines Mimosenhains liegt.

Bis zum Ersten Weltkrieg lebten in dem kleinen Weiler Cap-Ferret an der Spitze der Halbinsel nur ein paar Fischer und Jäger. Aber in den »verrückten zwanziger Jahren« setzte ein Bauboom ein: Wohlhabende Bürger, vor allem Weinhändler, ließen auf dem kiefernbestandenen Dünengelände prächtige Landhäuser erstellen. Bald war aus dem gottverlassenen Nest ein vielbesuchtes Seebad geworden.

Die beiden Strände von Cap-Ferret sind völlig verschieden. Der eine liegt Arcachon gegenüber und ist hervorragend geschützt, der andere säumt den Atlantik und ist dem ständigen Ansturm des Meeres ausgesetzt. Eine altertümlich anmutende Kleinbahn führt durch bewaldete Dünen, in denen ein paar Forsthäuser die einzigen menschlichen Spuren sind. Durch Anschwemmungen vergrößert sich die Landzunge langsam, aber merklich: Seit dem 17. Jahrhundert ist sie vier Kilometer länger geworden.

An der Spitze der Landzunge steht an der Stelle des Leuchtturms, der 1944 von den Deutschen gesprengt wurde, ein neuer Turm mit einer Höhe von fast fünfzig Metern. In Richtung der Düne von Pilat übersieht man von dort ein riesiges Austernzuchtgebiet, aus dem jährlich zwölftausend Tonnen geerntet werden. Die hölzernen Pfähle, die zwischen den Fahrrinnen aus dem Wasser ragen, sind die einzigen sichtbaren Zeichen für die Ernte, die unter Wasser heranwächst. Bei Ebbe, wenn die Pfähle hoch aus dem Wasser herausstehen, wirkt der Anblick wie ein Gemälde von Bernard Buffet.

In eine ganz andere Welt kommen wir, wenn wir von Arcachon aus einen Abstecher nach Süden machen. Sand und Wald bestimmen das Bild. Wir folgen zunächst dem Abatilles-Strand mit seinem Thermalbad, das 1923 im Stil der »Belle Époque« errichtet wurde. Daran schließt sich der Moulleau-Strand mit der Villa an, in der Gabriele d'Annunzio von 1910 bis 1914 gelebt hat. Stattliche Villen zwischen Kiefern und einen exotisch anmutenden Park auf den Dünen finden wir in Pyla-sur-Mer. Die Küstenstraße verläuft zwischen dem feinsandigen Strand und einem Waldgürtel und führt in das hügelige Gebiet von Pilat-Plage mit der berühmten Pilat-Düne. Dieser wandernde Berg aus weißem Sand, mit hundertfünfzehn Meter Höhe die höchste Düne Europas, läßt sich nicht durch Bepflanzung festigen. Seit der Mitte des 19. Jahrhunderts wächst er langsam, aber stetig, und ebenso ist er kaum merklich, aber fortwährend auf Wanderschaft. Hundertneunzig Stufen führen zum Kamm der Düne hinauf. Die Mühe des Aufstiegs wird durch eine herrliche Aussicht belohnt: Man sieht weit hinaus aufs Meer, überblickt das Cap Ferret und weite Teile des Beckens von Arcachon, die Dünen an der Küste und die Wälder, die sich landeinwärts erstrecken.

Strände (Pilat und Cap Ferret); unten das Seebad Cap-Ferret und sein kleines Eisenbähnchen. Rechts Ansichten der Pilat-Düne und die Treppe, die auf den Kamm der Düne führt.

Die Landes

Bis ins 19. Jahrhundert hinein trugen die Landes – ein vierzehntausend Quadratkilometer umfassendes Gebiet in Form eines Dreiecks, das im Westen vom Atlantik begrenzt wird und sich bis zu hundert Kilometer weit landeinwärts erstreckt – ihren Namen (»Steppe«, »Heide«) zu recht: Es war eine unwirtliche, unfruchtbare Sumpflandschaft. Schuld daran waren die Sandablagerungen des Meeres, die vom Wind als Wanderdünen ostwärts getrieben wurden. Eine dicke Sandschicht bedeckte das Land auch noch fernab der Küste. In der Tiefe verhärtete sie sich so, daß sie weder vom Wasser noch von Wurzeln durchdrungen werden konnte. Da das Regen- und Flußwasser weder versickern noch – wegen der hohen Dünen – ins Meer abfließen konnte, bildeten sich gewaltige Sümpfe, in denen nur Binsen wuchsen.

Die Landes, wie wir sie heute sehen, sind in einem zweihundert Jahre währenden Kampf gegen die Natur vom Menschen geschaffen worden. Schon im Mittelalter dachte man daran, den wandernden Sand durch Bepflanzung zu festigen. Ernsthaft mit dem Problem beschäftigte sich der Ingenieur Charlevoix de Villers, der 1779 Lud-

wig XVI. einen detaillierten Plan vorlegte. Aber erst neun Jahre später, im Jahre 1788, nahm der Ingenieur Brémontier das Unternehmen in Angriff. Durch eine hinter dem Flutpunkt in den Sand getriebene dichte Reihe von Pfählen ließ er die Dünen befestigen, so daß sie nicht weiterwandern, und sie danach mit schnellwachsendem Strandgras besäen.

Landeinwärts ließ er Ginster verschiedener Arten und Kiefern pflanzen. Damit war das Versandungsproblem gelöst, wenn auch etliche große Dünen bis heute nicht zum Stehen gebracht werden konnten. Nun galt es, die Sümpfe trockenzulegen, um Nutzland zu gewinnen. Dieser Aufgabe widmete sich der Ingenieur Chambrelent. Er kam auf den Gedanken, die in der Tiefe verhärtete Sandschicht an vielen Stellen zu durchbohren, so daß das Wasser in den Untergrund abfließen konnte. Das Ergebnis seiner Bemühungen konnte sich sehen lassen: Bis zum ausgehenden 19. Jahrhundert waren dreitausend Hektar Küstendünen mit Strandgras befestigt und achttausend Hektar Sand- und Sumpfgebiet mit Kiefern aufgeforstet, unter denen sich dichtes Unterholz bildete.

Freilich ist das mühsam errungene Gleichgewicht nicht stabil, denn viele der Pflanzen, die der Mensch hier heimisch gemacht hat, sind leicht brennbar, und der ständig vom Meer her wehende Wind kann die kleinste Flamme zur verheerenden Feuersbrunst entfachen. Von den neunhundertfünfzigtausend Hektar Wald fallen in manchen Jahren bis zu hunderttausend Hektar den Flammen zum Opfer.

Um den einmaligen Landschaftscharakter zu wahren, hat man 1970 einen Großteil der Landes zum Regionalpark gemacht; nicht zum geschützten Gebiet gehört die Küstenzone mit ihren Seen. Was man im Regionalpark findet, ist in erster Linie eine außergewöhnliche Natur.

Allerdings hat man dieses Paradies nicht unangetastet gelassen. Bei Morcenx wird Braunkohle im Tagebau gewonnen; das Fördergebiet sieht wie eine Mondlandschaft aus. Und bei Parentis-en-Born ist man 1954 auf Erdöl gestoßen; etwa vierzig Bohrtürme ragen heute am Ufer des Sees und aus dem umliegenden Wald empor. Zwar herrscht in dem Ort im Sommer immer noch ein reger Ferienbetrieb, aber die wunderschöne Seenlandschaft hat doch schweren Schaden erlitten.

Linke Seite: Ansichten der Waldlandschaft der Landes, oben Harzgewinnung, daneben einer der Wasserläufe, die sich durch das dichte Gehölz ziehen; rechts ein Hochsitz.

Von Arcachon nach Mimizan

Südlich von Arcachon folgt die Straße zwar der Küstenlinie, aber hohe Dünen versperren den Blick aufs Meer, das erst bei Biscarrosse-Plage wieder sichtbar wird. Hier finden wir einen der längsten Strände der an Stränden nicht eben armen Côte d'Argent. Farbenfrohe Landhäuser im baskischen Stil sind in den Kiefernwäldern verstreut. Eine romantische, zehn Kilometer lange Waldstraße führt zum zugehörigen Hauptort Biscarrosse an einem kleinen See, dem Etang de Biscarrosse. Fauna und Flora in der sumpfigen Umgebung sind sehr artenreich. Das von Wald gesäumte Städtchen, das als Verwaltungs- und Handelszentrum einige Bedeutung hat, bietet als Sehenswürdigkeiten eine uralte Ulme mit ausgehöhltem Stamm, eine gotische Kirche aus dem 14. Jahrhundert und ein elegantes Renaissance-Schloß aus dem 16. Jahrhundert, das an der Stelle einer vom »Schwarzen Prinzen« im 14. Jahrhundert errichteten Burg stehen soll.

Fünftausendsechshundert Hektar bedeckt der nördlich von Biscarrosse gelegene See (Etang de Cazaux et de Sanguinet). Cazaux spielte einst in der Luftfahrt eine Rolle: Von hier starteten in der Vorkriegszeit die Wasserflugzeuge, die den Atlantik überquerten. Am hübschesten ist das Südufer des Sees, das allerdings in neuer Zeit durch Bohrtürme verunstaltet wurde. An einem reizvollen Sträßchen liegen die Weiler Navarosse, Ispe und Port-de-Maguide.

Unter den mitten in den Wäldern der Landes versteckten kleinen Dörfern ist Sainte-Eulalie vielleicht das bezauberndste und charakteristischste. Hier gibt es nichts Außergewöhnliches zu besichtigen, weder bemerkenswerte Bauten noch atemberaubende Landschaften, aber doch ist es typisch für diese Dörfer, daß sie den Besucher fesseln und zum Verweilen einladen.

Ganz anders geht es in Mimizan zu. Hier herrscht das bunte Treiben, das wir in der Urlaubszeit in allen Ferien- und Badeorten antreffen. Vielleicht lag hier einst das »Segosa« der Römer, das sie direkt am Meer erbaut hatten. Das mittelalterliche Mimizan jedenfalls wurde unter Wanderdünen begraben und war bis ins 17. Jahrhundert hinein nur noch auf Landkarten zu finden. Lange Zeit diente der Kirchturm den Seeleuten als Landzeichen, bis auch er unter dem Sand verschwand. Inzwischen hat die mächtige Udos-Düne auch das Benediktinerkloster erreicht, das 1960 von den Mönchen aufgegeben werden mußte. Zu sehen ist heute vom Kloster lediglich noch der gewaltige Backsteinturm aus dem 13. Jahrhundert.

Durch den »Courant«, den mit Booten befahrbaren Abfluß des Teiches von Aureilhan, ist Mimizan mit dem dazugehörigen Seebad Mimizan-Plage verbunden, das sich mit seinem kilometerlangen, von Kiefernwäldern gesäumten Sandstrand beidseits der Mündung des Courant erstreckt. Schon 1905 erhielt der Ort den ehrenvollen Beinamen »Perle der Silberküste«; vor dem Zweiten Weltkrieg war er besonders bei den Engländern sehr beliebt, und auch heute noch hat er großen Zulauf. Der kleine Weiher von Aureilhan (sechshundert Hektar) ist ein wunderschönes Ausflugsziel; Winston Churchill hat ihn geschätzt und gemalt. Am Strand erinnert ein Denkmal daran, daß hier die Flieger Assolant, Lefèvre und Lotti am 16. Juni 1929 nach ihrer geglückten Atlantiküberquerung gelandet sind.

Links: Ein Kanal verbindet Biscarrosse mit seinem Strand. Rechts oben das Seebad Mimizan, darunter zwei Ansichten der Côte d'Argent.

Von Mimizan nach Capbreton

Südlich von Mimizan führt die Straße durch malerische Dörfer. In dem alten Marktflecken Mézos ist der mächtige rechteckige Turm der Wehrkirche aus dem 14. Jahrhundert sehenswert. Der Hafen von Saint-Julien-en-Born liegt am Courant de Contis, dem Abfluß eines großen Teiches. Der interessanteste Wasserlauf ist jedoch der Courant d'Huchet, der Abfluß des Weihers von Léon, ein zwölf Kilometer langer, ziemlich reißender kleiner Fluß. Man kann ihn auf flachbödigen Kähnen befahren. Schilf, wilder Wein und Bäume säumen ihn, und auf der ersten Hälfte fährt man unter dem dichten Blättergewölbe der sich über dem Wasserlauf kreuzenden Baumkronen hindurch, so daß man sich fast wie in einem »Urwald« vorkommt.

Über Moliets, das zwischen einem malerischen Weiher und dem Atlantik liegt, gelangt man in das aufstrebende Seebad Vieux-Boucau-les-Bains, das eine interessante Vergangenheit hat. Im Mittelalter hieß die Stadt Port d'Albret und lag an der Mündung des Adour, der damals für den Warenverkehr mit dem Binnenland von großer Bedeutung war. Aber der Wohlstand ging zu Ende, als der Fluß seinen Lauf änderte. Seither heißt das einstige Port d'Albret Vieux-Boucau, »alte Mündung«.

Soustons wurde im 14. Jahrhundert von den Engländern am sandigen Südufer (daher der Name, ursprünglich »South Town« = Südstadt) eines siebenhundertvierzig Hektar großen Sees gegründet und ist nicht nur als Ferienort (Wassersport, große Badeanlagen), sondern auch als Handelszentrum (landwirtschaftliche Produkte des Umlands) von Bedeutung. Als Mittelpunkt einer reizvollen Seenlandschaft ist Soustons ein idealer Ausgangspunkt für Ausflüge.

Hossegor wurde erst zu Beginn unseres Jahrhunderts gegründet, lockte aber sofort wegen seiner reizvollen Lage am Meer, einem See, einem Fluß, einem Kanal und einem Kiefernwald ein ausgesuchtes Publikum an und wurde zum mondänen Seebad und Winterkurort. Mit seinen verstreut liegenden Häusern (prächtige Villen, baskische Ferienhäuser) ist es ein typischer Urlaubsort. Trotz des stürmischen Aufschwungs wurde die Schönheit der geradezu exotisch wirkenden Landschaft nicht beeinträchtigt.

Während es im Gebiet von Hossegor im 19. Jahrhundert nur einen einsamen Teich gab, der 1886 durch einen Kanal mit dem Atlantik verbunden wurde, war das nahe Capbreton damals ein schon seit langem blühender Fischereihafen; vom 10. bis 16. Jahrhundert war es sogar als »Hafen der hundert Kapitäne« ein wichtiger Handelsplatz gewesen, denn damals mündete hier der Adour in den Atlantik. Aus dem 16. Jahrhundert ist noch ein Turm erhalten, der früher der Brandwache diente und gleichzeitig für die Seeleute ein Landzeichen war. Besichtigt werden kann ferner der Marmortisch, auf dem Napoleon III. 1858 die Pläne für den Bau des neuen Hafens durch seine Unterschrift bewilligte. Sehenswert ist der »Gouf«, eine langgestreckte tiefe Verwerfung, die bei der Auffaltung der Pyrenäen entstand. Vom schönen Strand aus kann man im Süden Biarritz sehen. Lohnende Ausflüge führen von Capbreton ins Gebiet von Orthe und Chalosse. Über Labenne, den schönen Irieu-See und den Weiher von Garros kommen wir ins Baskenland.

Das berühmteste Seebad an der Côte d'Argent ist Hossegor. Auf der linken Seite zwei Ansichten des Sees von Hossegor. Unten der Strand von Hossegor, darunter der Leuchtturm von Capbreton und eine Dünenlandschaft.

Bayonne und Biarritz

An der Mündung der Nive in den Adour, sechs Kilometer vom Meer entfernt, liegt Bayonne, eine geschäftige Handels- und Hafenstadt, die sich im Sommer eines bedeutenden Fremdenverkehrs erfreut.

Sie geht auf die römische Siedlung Lapurdum zurück, die bald nach der Zeitenwende gegründet wurde; nach ihr heißt dieser Teil des Baskenlandes noch heute »Labourd«. Später kam die Stadt zum Königreich Aquitanien, das Karl der Große 781 für seinen Sohn Ludwig den Frommen schuf, und als Eleonore von Aquitanien im 12. Jahrhundert den englischen Thronfolger aus dem Haus Plantagenet heiratete, fiel die Stadt mit Aquitanien an England. Damals hieß sie »Ibai-Ona«, »guter Fluß«, weil sie dem Adour ihren Wohlstand verdankte.

Im 18. Jahrhundert nahm Bayonne als Freihafen einen unerhörten Aufschwung. Damals blühte der Westindien-Handel, und im Hafen wurde hauptsächlich Kakao angelandet, der in der Stadt zur vielbegehrten Schokolade verarbeitet wurde. Nicht minder blühte die Freibeuterei, und viele der Piratenschiffe wurden auf den Werften der Stadt ausgerüstet. Mit der Französischen Revolution und der während des Ersten Kaiserreichs errichteten Kontinentalsperre der Engländer nahm der Wohlstand ein jähes Ende. Erst unter Louis-Philippe kam es zu einem bescheidenen Neuanfang; fortan spielten im Wirtschaftsleben der Stadt der Fischfang und die Schokoladeerzeugung die Hauptrolle.

Die mittelalterliche Stadt lag auf dem linken Ufer der Nive unmittelbar vor ihrer Einmündung in den Adour. Schon damals führte von der Place de la Liberté die Rue du Pont-Neuf zur im 13. Jahrhundert begonnenen Marienkathedrale; unter den Laubengängen der Straße lagen damals (wie heute) Gasthäuser, Zuckerbäcker- und Schokoladenläden. Die Kathedrale, die größte in ganz Südwestfrankreich (achtzig Meter lang, fünfunddreißig Meter breit, das Mittelschiff elf Meter hoch), wurde durch zwei Brände schwer beschädigt, so daß sie erst im 16. Jahrhundert fertiggestellt werden konnte. Der hochgotische Turm (13.–14. Jahrhundert) gehört zu den schönsten des Landes.

Wehrhaft wirkt das von Rundtürmen flankierte Alte Schloß, die Stadtburg der Vizegrafen von Labourd, das auf einem Teil der römischen Ringmauer errichtet wurde. Hier war Du Guesclin eingekerkert; hier wurde das Lösegeld (1,2 Millionen Ecus) für Franz I. aufbewahrt. Noch steht die ab 1680 von Vauban erbaute Stadtbefestigung; die Wälle sind heute bepflanzt.

Biarritz ist das mondänste Seebad an der ganzen französischen Atlantikküste: mit seiner malerischen Landschaft und seinem milden Klima lockt es Besucher aus aller Welt an. Im ausgehenden 19. Jahrhundert war der Ort praktisch noch unbekannt. Im 11. Jahrhundert lebten hier Fischer und Walfänger; Wale konnten damals in Scharen im Golf von Biscaya gefangen werden. Im Laufe der Zeit kamen die Bewohner von Bayonne hierher, um im Meer zu baden, und im 19. Jahrhundert folgten spanische Adlige ihrem Beispiel. So weilten ab 1838 die Gräfin von Montijon und ihre Tochter Eugenie Jahr für Jahr in Biarritz. Nachdem Eugenie Gemahlin Napoleons III. und Kaiserin geworden war, ließ sie die »Villa Eugenia« als Sommerresidenz erbauen. Der Zustrom weiterer gekrönter Häupter wurde 1889 durch den Besuch der Königin Viktoria von England eingeleitet.

Drei Badestrände säumen die auf felsigem Untergrund erbaute Stadt. In nordöstlicher Richtung erstreckt sich bis zum Saint-Martin-Kap mit seinem Leuchtturm die Grande Plage mit ihrer berühmten Höhle, der »Liebeslaube«. Hier soll ein Liebespaar, durch die Flut überrascht, den Tod gefunden haben. Der zweite Badestrand liegt in der felsigen Bucht des Port-Vieux, des alten Hafens. Vom dritten Strand vor der Perspective de Miramar aus hat man einen herrlichen Blick auf die baskische Küste. Zwischen Grande Plage und Port-Vieux liegen das felsige Atalaye-Vorgebirge, auf dem sich einst eine Burg und die Wachttürme der Walfänger erhoben, und die berühmte kleine Insel Rocher de la Vierge, zu der ein alter Steg Zugang gewährt. Von hier aus kann man beidseits die Küsten bis zum Horizont überblicken. Hoch über der Esplanade liegt das Meeresmuseum mit einem Aquarium. Hinter dem alten Hafen führt die »Teufelsbrücke« über die ins Meer ragenden »Roches du Halde« zum »Baskenstrand«, dem wildesten der drei Strände von Biarritz; der davorliegende Meeresstreifen ist ein Paradies für Surfer.

Links zwei Ansichten von Bayonne: Häuser am Adour (oben) und der schöne Kreuzgang der Kathedrale. Oben der berühmte Rocher de la Vierge (Marienfelsen) in Biarritz, unten der kleine Hafen des mondänen Seebads.

Saint-Jean-de-Luz und Hendaye

Zwischen der Adour- und der Bidossao-Mündung wechseln sich an der baskischen Küste felsige Steilhänge und herrliche Sandstrände ab, eine Vielfalt, die den Reiz dieser Landschaft ausmacht. Guéthary hat zwar keinen Hafen und nicht einmal eine Anlegestelle aufzuweisen, erfreut sich aber als Badeort und Winteraufenthalt großer Beliebtheit, denn das Klima ist mild, und der Ort wirkt mit seinen im Sonnenlicht leuchtenden bunten Häusern ungemein anheimelnd.

Einen hervorragenden Hafen hat hingegen die alte Fischer- und Seeräuberstadt Saint-Jean-de-Luz. Sie liegt an der Mündung der Nivelle an einer gleichmäßig gerundeten Bucht auf einer Landzunge zwischen Fluß und Meer. Im frühen Mittelalter hieß der Ort noch Saint-Jean-de-la-Boue (Sankt-Johann-im-Schlamm), weil damals die Flußufer völlig versumpft waren. Im 12. Jahrhundert spielte er als Walfängerhafen eine sehr wichtige Rolle. Wie in Biarritz wurden damals die geschlachteten Wale zwischen den Bootsbesatzungen und den Eigentümern der Boote aufgeteilt. Dem Bischof von Bayonne stand die Zunge zu, die als Leckerbissen galt.

Nachdem die Wale im Golf von Biscaya dezimiert oder abgewandert waren, wandten sich die Fischer dem Dorschfang zu und befuhren auch ferne Meere: Fischer aus Saint-Jean-de-Luz waren die ersten Europäer, die 1520 im Gebiet der Neufundlandbank den Fischreichtum der dortigen Gewässer ausbeuteten; im 16. und 17. Jahrhundert liefen alljährlich etwa siebzig Schiffe aus der Hafenstadt dorthin aus. Der wirtschaftliche Aufschwung wurde selbst dadurch nicht unterbrochen, daß die Spanier zweimal, 1558 und 1635, Saint-Jean in Schutt und Asche legten; erst als durch den Vertrag von Utrecht die Fangrechte auf der Neufundlandbank den Franzosen entzogen wurden, war es zunächst mit der Blütezeit vorbei. Seither herrscht der Thunfischfang vor, der noch heute Schiffe aus Saint-Jean-de-Luz bis vor die Küsten Senegals führt.

In Frankreich wurde die Stadt dadurch bekannt, daß Ludwig XIV. 1660 in der Kirche Saint-Jean-Baptiste die spanische Infantin Maria Theresa heiratete; das Portal, durch das das königliche Paar damals schritt, ist seither zugemauert. Die aus dem 15. Jahrhundert stammende Kirche wurde so stark umgebaut, daß sie längst keine architektonische Einheit mehr darstellt. So paßt der dräuende Wehrturm nicht im mindesten zum verspielt-prächtigen Innendekor.

Oben der Verteidigungsturm (17. Jahrhundert) auf der Pointe du Socoa bei Saint-Jean-de-Luz, darunter Ansichten der gegenüberliegenden Stadt Cibourne. Links der Bootshafen, darüber die Kirche Saint-Jean-Baptiste in Saint-Jean-de-Luz. Letzte Seite: Bootshafen auf der Insel Ré.

Zwei Kaps, das Socoa- und das Barbara-Kap, begrenzen die Bucht, an der Saint-Jean-de-Luz liegt. Über die Brücke, die die Nivelle überspannt, gelangt man nach Ciboure, einer alten Hafenstadt, die mit Saint-Luz praktisch eine Einheit bildet. Der kleine Hafen am Socoa-Kap liegt im Schutz eines mächtigen Turms aus der Zeit Ludwigs XIII.

Hoch über den Klippen mit Blick zum Meer verläuft die Straße nach Hendaye. Hendaye-Ville liegt auf einer steilen Anhöhe über der Bidassoa, Hendaye-Plage auf einem herrlichen Strand an der Flußmündung. Hendaye-Ville ist ein schönes Städtchen in einer wunderbaren Landschaft unmittelbar an der spanischen Grenze, aber eben diese Stellung als Grenzort mit seiner Geschäftigkeit beeinträchtigt seinen Reiz für die Touristen. Deshalb weilen die Feriengäste fast ausschließlich im Gemeindeteil Hendaye-Plage.